VEN

Fascinante / Faszinierendes / Fascinating

EZUELA

OSCAR TODTMANN EDITORES, CARACAS

Contenido

Inhalt

Contents

Paseo por la ciudad

En el año 1562, en el valle donde se encuentra la Caracas actual, el mestizo Francisco Fajardo fundó una hacienda, constituyéndose así en el primer colono.

En aquel entonces, y aún hoy día, el valle florece durante todo el año: en febrero los apamates, en abril las acacias y durante la sequía los arbustos espinosos de las trinitarias con sus flores rosadas, violetas y blancas, así como también a principios de mayo el araguaney, árbol nacional, con sus luminosas flores amarillas. Todavía hoy algunas calles y urbanizaciones llevan nombres de árboles, como Las Acacias, Los Naranjos y la bella y sombreada avenida Los Samanes. El valle de Caracas se encuentra a 900 metros sobre el nivel del mar, mantiene una temperatura media de 24°C y se encuentra bordeado por dos ramales de la Cordillera de la Costa: hacia el norte, por las altas montañas del Naiguatá y el Avila que la separan del Mar Caribe y hacia el sur, por una cadena de colinas más bajas. El Avila, el cerro más bello de esta cordillera, varía cada día su aspecto siempre fascinante, desde el color arena hasta el verde brillante, y en la época de lluvia, cuando el cielo está encapotado, se torna violeta.

Hace más de cuatrocientos años los indios que vivían en el hermoso valle, consideraron la hacienda de Fajardo como una invasión a su territorio, expulsándolo pronto del mismo. Sin embargo, el valle no les siguió perteneciendo por mucho tiempo, y hoy día el único recuerdo que queda de los aborígenes son los nombres sonoros de algunos barrios, como Catia, Antímano, Chacao, Petare y El Guarataro.

Algún tiempo después de la expulsión del mestizo Fajardo, llegó el capitán español Diego de Losada, quien de manera definitiva fundó el 25 de julio de 1567 la ciudad de Santiago de León de Caracas. Casi todas las ciudades construidas por los españoles en el Nuevo Mundo seguían un mismo esquema: el centro lo formaba la plaza del mercado, la Plaza Mayor. A su alrededor se agrupaban las edificaciones más importantes como la iglesia, el cabildo, la cárcel y las casas de los principales de la ciudad. Después las de otros distinguidos habitantes, mientras que las viviendas de las gentes de la clase llana eran las que se encontraban más alejadas de la plaza del mercado.

Caracas se desarrolló hasta convertirse en un importante centro y pronto pasó a ser la capital de la Capitanía General de Venezuela. Durante la colonia, los principales cargos de gobierno los ocuparon españoles nacidos en España, quienes vigilaban si eran observadas las leyes de comercio

Stadtbummel durch Caracas

A walking Tour of Caracas

Im Tal des heutigen Caracas, gründete 1562 der Mestize Fajardo als erster Siedler eine Farm. Damals wie heute blühte es das ganze Jahr über: im Februar die Apamate-Bäume, im April die Akazien und in der Trockenzeit die stacheligen Sträucher der Bougainvillae mit den rosa, lila und weissen Blüten, und Anfang Mai leuchtend gelb der heute als Nationalbaum geltende Araguaney. Noch heute sind Strassen und Stadtbezirke nach Bäumen benannt, Las Acacias, Los Naranjos, Los Cedros, sowie die schöne, schattige Avenida Los Samanes. Das 900 m über dem Meeresspiegel gelegene Tal mit der angenehmen Jahresdurchschnittstemperatur von 24° C ist im Norden von den hohen Bergen der Küstenkordillere und im Süden von einer Hügelkette eingefasst. Alles überragt der 2.159 m hohe Avila, der schönste Berg der Kette, der täglich einen anderen, immer faszinierenden Anblick bietet, von sandfarben bis leuchtend grün, und bei bedecktem Himmel in der Regenzeit nimmt er eine violette Tönung an. Vor über 400 Jahren hatten hier Eingeborene gejagt, sie empfanden die Farm Fajardos als Einbruch in "ihr" Tal und vertrieben ihn bald wieder. Doch sollte dieses Tal nicht mehr lange ihnen allein gehören, und heute erinnern nur noch die melodischen Namen einiger Stadtbezirke, wie Catia, Antímano, Petare und El Guarataro an die Urbevölkerung. Bald nach der Vertreibung des Mestizen kam der spanische Kapitän Diego de Losada in das Tal und gründete 1567 die Stadt Santiago de León de Caracas. Fast alle von den Spaniern in der Neuen Welt erbauten Städte wurden nach einem bestimmten Schema angelegt: Den Mittelpunkt bildete der Marktplatz, die Plaza Mayor. Um diese gruppierten sich die wichtigsten Bauten: Kirche, Rathaus, und die Häuser der bedeutendsten Bürger der Stadt. Einen weiteren Kreis bildeten die Wohnungen der hohen Beamten und Kaufleute. Personen mit niedrigem Einkommen wohnten am weitesten vom Marktplatz entfernt. Caracas erweiterte sich schnell zu einem wichtigen Handelszentrum und wurde bald die Hauptstadt der "Capitanía General" Venezuela. Die ersten Posten in der Verwaltung wurden von im Mutterland geborenen Spaniern eingenommen, die darauf achteten, dass die von der königlichen Regierung erlassenen Handels- und Zollgesetze befolgt wurden, denen zufolge die Kolonien ausschliesslich mit Spanien Handel treiben durften. Die Ideen der französischen Revolution und die Atmosphäre der amerikanischen Befreiungskriege

In 1562, in the valley that is now Caracas, Francisco Fajardo founded the first settlement. Back then, as now, this valley flourished year-round. In February, the Pink Pouis (apamates) bloomed, in April came the acacias; in the dry season, the spiny bushes of the Bougain-villae sprouted their pink, lilac and white petals; and at the start of May the "Yellow Poui" (araguaney), Venezuela's national tree, sprouted its shiny yellow flowers. Some streets and city districts as yet carry the names of trees: Las Acacias, Los Naranjos (orange), and the beautifully shaded Los Samanes (raintree) Boulevard. The Caracas valley is 900 meters above sea level and its average year-round temperature is 24° C. It is bordered to the north by two branches of the Coastal Cordillera, the Naiguatá and Avila mountains which block the city from the Caribbean; and to the south, a chain of hills edges Caracas. The Avila, the most striking hill of the range, offers an ever-changing, endlessly fascinating impression, as it changes hue from sandy-gold to bright green. During the rainy season, when the sky is overcast, the hill might appear to take on a violet tone. Some four hundred years ago, the Indians who inhabited the valley regarded Fajardo's plantation as an invasion of their territory and they soon drove him out. However, the valley was not to be theirs for long; the only remnant left today are the melodious names of some city districts: Catia, Antímano, Chacao, Petare and El Guarataro. Shortly following Fajardo's expulsion, the Spanish captain Diego de Losada arrived and formally founded the city of Santiago de León de Caracas on July 25, 1567. Almost all cities built by the Spaniards in the New World were laid out according to a basic pattern: the focal point was the market place, called the Plaza Mayor. Surrounding the plaza were the most important buildings such as the church, the town hall, the prison and the homes of the city's more prominent citizens. Further out were the homes of other important people, while the more outlying areas were occupied by the lower social classes. Caracas soon developed into an important trade center and in 1578, became the capital of the General Captaincy of Venezuela. During the colonial period, the top government positions were held by born Spaniards who were sure to enforce the trade and customs laws decreed by the Crown, which obliged the colonies to trade only with the mother country. The ideas of the French Revolution and the American War of Independence ignited the spark of rebellion

y de aduana decretadas por la Corona, que obligaban a las colonias a comerciar exclusivamente con España.

Las ideas de la revolución francesa y la atmósfera de las guerras americanas de independencia encendieron en el pueblo el espíritu de rebelión, y el 5 de julio de 1811 se reunieron en Caracas los más influyentes criollos para firmar la Declaración de la Independencia. Comenzó una guerra encarnizada contra la soberanía española. Un año después, en 1812, Venezuela sufrió un terrible terremoto, que destruyó casi por completo a la capital. Frente a los daños del terremoto, Simón Bolívar, el héroe de las guerras de independencia, dijo las famosas palabras: "Si la naturaleza se opone, lucharemos contra ella y haremos que nos obedezca". Los revolucionarios no pudieron proteger a Caracas por mucho tiempo contra las tropas enemigas y se retiraron hacia el oriente. Junto con ellos huyó casi toda la población, de modo que, al tomarla los realistas, encontraron una ciudad casi despoblada.

Aunque Caracas se ha transformado mucho en el curso de los años, aún se puede reconocer el plano de la vieja ciudad colonial. La antigua Plaza Mayor con la estatua ecuestre del Libertador lleva hoy el nombre de Plaza Bolívar. Hace mucho tiempo que dejó de ser el animado mercado que fue en su origen. Hoy es el centro de la ciudad antigua, punto de partida obligado al hacerse una gira por las edificaciones históricas de Caracas.

Los caraqueños gustan de reposar en los bancos bajo la sombra de los grandes árboles, observar las ardillas que suben y bajan velozmente por ellos, y hablar de negocios y política. Está prohibido comerciar en ella, y los domingos toca en ella la Banda Municipal y la Plaza Bolívar se convierte en ameno oasis para muchas familias que viven en el centro. En la esquina nororiental de la plaza se encuentra la Catedral, construida en 1595; resultó bastante dañada en dos oportunidades por terremotos, y fue reconstruida en su forma original aunque su torre se redujo en altura. En su interior se encuentran bellos altares, y el famoso cuadro de Michelena, "La Ultima Cena", obra inconclusa. Además, contiene las tumbas de los padres de Bolívar.

Del lado opuesto se halla la antigua Casa de Gobierno, hoy sede del Ministerio de Relaciones Exteriores. En 1870 Guzmán Blanco, al hacer su entrada en este edificio, mandó pintarlo de amarillo, color de su partido, y desde entonces lleva el nombre de "Casa Amarilla". Constituye una atracción tanto para los amantes de construcciones históricas como para los aficionados a la pintura

fachten im Volk den Geist der Rebellion an, und am 5. Juli 1811 versammelten sich in Caracas die einflussreichsten Kreolen - die im Lande geborenen und aufgewachsenen Spanier -, um die Unabhängigkeitserklärung zu unterschreiben. Ein erbitterter Krieg gegen die spanische Herrschaft begann. Ein Jahr später, 1812, wurde die Hauptstadt des Landes (durch ein gewaltiges Erdbeben) fast völlig zerstört. Angesichts der Erdbebenschäden machte Simón Bolívar, der Held der Befreiungskriege, seinen berühmten Ausspruch: "Wenn die Natur gegen uns ist, dann werden wir auch gegen die Natur kämpfen". Die Revolutionäre konnten Caracas nicht lange gegen die Truppen des Feindes schützen und verliessen die Stadt in Richtung Osten, mit ihnen nahezu die gesamte Bevölkerung, so dass die einziehenden Royalisten ein fast menschenleeres Caracas eroberten. Erst am 24. Juni 1821 konnte Bolívar die Spanier in der Schlacht bei Carabobo endgültig besiegen. Obwohl sich Caracas im Laufe der Zeit stark verändert hat, ist noch heute der Grundriss der alten Kolonialstadt zu erkennen. Die frühere Plaza Mayor mit dem Reiterdenkmal Simón Bolívars trägt heute den Namen des Befreiers. Lange schon ist sie nicht mehr der belebte Marktplatz; aber noch immer der Mittelpunkt der Altstadt, von dem aus man mit der Besichtigung der historischen Bauten Caracas' beginnt. Es ist verboten, auf der Plaza Bolívar Handel zu treiben, sie in Hemdsärmeln oder Pakete tragend zu überqueren. Hier ruhen sich die Caraqueños auf den Bänken im Schatten der grossen Bäume aus, beobachten die auf und abflitzenden Eichhörnchen und schwatzen über Geschäfte und Politik. Am Sonntagabend, spielt die Stadtkapelle, und die Plaza Bolívar wird zur Oase der Gemütlichkeit für viele Familien, die in der Innenstadt wohnen. An der Nordostecke der Plaza steht die Kathedrale, 1595 erbaut, zweimal von Erdbeben stark zerstört, und in ihrer alten Form wieder errichtet. Der Inneneraum mit den schönen Altären, den Bildern und dem nicht vollendeten "Abendmahl" des venezolanischen Malers Arturo Michelena beherbergt die Grabstätte der Eltern Simón Bolívars. Auf der gegenüberliegenden Seite befindet sich das ehemalige Rathaus, heute Sitz des Aussenministeriums. Guzmán Blanco hatte das Gebäude bei seinem Einzug 1870 in der Farbe seiner Partei streichen lassen, und seitdem wird es "La Casa Amarilla" (das Gelbe Haus) genannt. Blanco hatte lange Zeit in Paris gelebt und studiert und versuchte, aus Caracas das Paris Südamerikas zu machen. Der mächtige Diktator wusste das

in the people. On July 5, 1811, the most influential Creoles gathered in Caracas to sign the Declaration of Independence. A bitter war broke out against Spain. A year later, in 1812, Venezuela was hit by a terrible earthquake which almost destroyed the entire city of Caracas. Simón Bolívar, hero of the War of Independence, declared in the face of the quake's devastation: "If Nature is against us, we shall fight her and make her obey us". The revolutionaries were not able to defend Caracas for long against the enemy troops, so they retreated to the east. Nearly the entire population fled with them, so that when the Royalists seized the city, it was nearly deserted. While Caracas has undergone many changes over the years, the layout of the old colonial city is still distinguishable today. The previous Plaza Mayor, now bears the name of the Liberator with its equestrian statue of Simón Bolívar. It is no longer the bustling market place it once was. Today it is the center of the old city, the necessary starting point for taking a walking tour of Caracas' historical buildings. The "Caraqueños" enjoy taking a rest on the plaza benches under the shade of tall trees, where they can watch the squirrels run up and down the tree trunks, or chat about business or politics. Vendors are prohibited from the plaza. On Sundays, the Municipal Band plays. The Plaza Bolívar is definitely a pleasant oasis for many families who live downtown. At the northeast corner of the plaza stands the Cathedral, built in 1595 and twice reconstructed after destruction by earthquakes, although its tower was made somewhat smaller. Beautiful altars and Michelena's famous but unfinished "Last Supper" adorn the interior. Opposite the Cathedral is the former Presidential Residence, now seat of the Ministry of Foreign Affairs. It has been called the "Casa Amarilla" (Yellow House) ever since Guzmán Blanco, in 1870, ordered it to be painted yellow, the color of his party. Lovers of historical architecture and modern art will find a wealth of valuable paintings here, thanks to Guzmán Blanco, who had lived and studied in the French capital for many years, and was determined to turn Caracas into a "Little Paris". This powerful dictator knew how to take advantage of the country's thriving economy by planting alamedas, building parks and theaters and he became a patron of artists, literati and architects. Although the extent of Guzmán Blanco's cultural ideas is much disputed, the city was changed under his influence, so much so that he was given the name "The Reformer". The Capitol building, seat of the Congress, at the

moderna, que pueden contemplar aquí una extensa y valiosa colección de cuadros. Guzmán Blanco había vivido y estudiado mucho tiempo en la capital de Francia y quería convertir a Caracas en un pequeño París. El poderoso reformador supo aprovechar la prosperidad económica del país e hizo plantar alamedas, crear parques y construir teatros, y sirvió de mecenas de artistas, literatos y arquitectos. Aunque hasta hoy no se haya podido llegar a un acuerdo acerca de los alcances de sus ideas culturales, el aspecto urbano cambió tanto bajo el influjo de su personalidad que le fue otorgado el epíteto de "El Reformador".

También el Capitolio, sede del Congreso, situado en la manzana suroeste de la Plaza Bolívar, fue construido bajo su régimen. Las paredes de este gran cimborio están decoradas con los retratos de los personajes más destacados de la independencia de Venezuela y la cúpula ostenta en su interior un inmenso lienzo del pintor venezolano Martín Tovar y Tovar (1828-1902) que representa la Batalla de Carabobo, para cuyo montaje fueron traídos especialmente artesanos de Francia. Al contemplar la escena épica el espectador se siente llevado a participar activamente en la batalla allí representada.

La variedad de las plantas y árboles en el patio interior del Capitolio da una idea de la exuberante vegetación del país, y una alta verja de hierro, importada por Guzmán Blanco de Inglaterra, ornada con sus iniciales, símbolos de su poder ilimitado, circunda el recinto.

Calle por medio, al sur del Capitolio, está el antiguo Convento de los Franciscanos, que después fue sede de la Universidad Central y alberga hoy a las Academias y a la Biblioteca Nacional. Hasta hace aproximadamente 30 años, este edificio era la sede principal de la Universidad fundada por el Rey Felipe II. Guzmán Blanco hizo refaccionar la antigua fachada barroca por la neo-gótica que actualmente ostenta. El interior, conserva su aspecto original, de manera que todavía se pueden admirar aquí algunos de los patios coloniales con arcadas.

A dos cuadras al este de la Biblioteca Nacional, entre las esquinas de San Jacinto y Traposos, se llega a calles paralelas cerradas al tránsito de vehículos, en una de las cuales se encuentra la casa donde nació el Libertador Simón Bolívar en 1783, el Museo Bolivariano y la sede de la Sociedad Bolivariana de Venezuela. Los salones de la Casa de Bolívar guardan una rica colección de muebles y objetos de la época, y las paredes están decoradas con frescos del pintor Tito Salas que representan escenas de la vida de Simón Bolívar. También ofrece

Aufblühen der venezolanischen Wirtschaft zu nutzen; er liess Alleen anpflanzen, Parks anlegen, Theater bauen. Er fühlte sich als Mäzen aller Künstler, der Literaten und Architekten. So veränderte sich das Stadtbild unter dem Einfluss seiner Persönlichkeit derat, dass man ihm den Beinamen "El Reformador" gab. Auch das nur wenige Strassen von der Plaza Bolívar entfernt gelegene Capitol, der Sitz des Kongresses, entstand unter seiner Herrschaft. Die Wände des grossen Kuppelbaus sind mit den Porträts der wichtigsten Persönlichkeiten der venezolanischen Befreiung geschmückt. Die Decke, von Handwerkern aus Frankreich errichet, ist mit einem Gemälde des venezolanischen Malers Martín Tovar y Tovar (1828-1902) bemalt worden, das die Schlacht bei Carabobo darstellt. Die Mannigfaltigkeit der Bäume des Innenhofes geben eine Vorstellung der Vegetation des Landes.

Das Gelände wird von einem hohen Eisenzaun eingefasst, den Guzmán Blanco aus England importieren und zum Beweis seiner uneingeschränkten Macht mit seinen Initialien schmücken liess.

Im ehemaligen Kloster der Franziskaner befindet sich die heutige Nationalbibliothek. Bis vor etwa fünfundzwanzig Jahren war der Bau das Hauptgebäude der von König Philipp II. gegründeten Universität. Guzmán Blanco hat die ehemals schöne Barockfassade durch eine neugotische ersetzen lassen. Dem Innenhof liess er jedoch sein ursprüngliches Aussehen, so dass man hier noch einen der wenigen erhaltenen Kolonialhöfe bewundern kann.

Einige Häuserblocks weiter östlich der Nationalbibliothek befinden sich, zwei unter Denkmalschutz stehende, Gassen San Jacinto und Traposos. In der einen steht das Haus, in dem Simón Bolívar 1783 geboren wurde. Leider ist die ursprüngliche Kolonialfassade bei der Einrichtung des Museums verändert worden. Die Räume des Hauses, dessen Wände Fresken des Malers Tito Salas mit Szenen aus dem Leben Simón Bolívar zeigen, enthalten eine reiche Sammlung von Sehenswürdigkeiten aus der Kolonialzeit. Interessant ist es, an Hand des Grundrisses der Villa die damalige Bauweise zu studieren. In der Strasse San Jacinto werden Gegenstände venezolanischer Folklore angeboten. Neben cuatros (viersaitigen kleinen Gitarren), Maracas (Rasseln), Hamacas (Hängematten) und indianischen Handarbeiten, fallen die aus buntem Kreppapier gefertigten Piñatas besonders ins Auge.

southwest corner of the Plaza Bolívar, was built during his regime. The walls of the domed room are decorated with the portraits of important Venezuelan heroes of the Independence movement. The interior of the dome itself displays a huge depiction of the Battle of Carabobo painted by Martín Tovar y Tovar (1828-1902). Artisans were brought especially from France to help with its mounting. Upon contemplating this work, the viewer almost feels he is a part of the battle.

The variety of plants and trees to be found in the courtyard gives one an idea of the country's exuberant flora. A high iron gate, brought over from England by Guzmán Blanco and decorated with his initials to symbolize his limitless power, surrounds the grounds.

Half a block south of the Capitol stands the old Franciscan Convent, which now houses the Palace of the Academies and the National Library. Until 1953, the main building was the seat of the Central University, originally founded by King Phillip II. Guzmán Blanco had the old barroque façade renovated into the Neo-gothic style. However, some of the arcaded colonial courtyards still remain today. Two blocks east of the National Library between the corners of San Jacinto and Traposos, two parallel streets closed to traffic lead to the house where the Liberator Simón Bolívar was born in 1783. On the same square are the seats of the Bolivarian Museum and the Venezuelan Bolivarian Society. The rooms of the Bolívar town house are filled with a rich collection of period furniture and articles. Tito Salas was commissioned to decorate the walls with frescos depicting scenes from Bolívar's life. The colonial architecture has also been restored.

Downtown Caracas is full of outdoor cafes and restaurants from which the visitor can comfortably view the hustle and bustle of the big city. Here, one can enjoy a refreshing drink of tropical fruit juice such as pineapple, melon, grapefruit or custard apple. For those who cannot resist a snack, there is the "arepa" (toasted corn bread split open and served with fillings) or a "cachapa" (a corn pancake topped with cheese). A more substantial meal can be had of one of Venezuela's typical dishes, such as "pabellón" (shredded beef accompanied by rice, black beans and fried plantains), "sancocho" (a soup-stew), or the "hallaca" (a meat and vegetable tamale).

The Twin Towers of Silencio, rising thirty-two stories over a modern Caracas, are the headquarters for many ministries and government offices. Behind these towers is a hill with broad steps leading up to El Calvario Park, designed by French landscape

interés la arquitectura colonial restaurada.
En el centro de la ciudad hay muchos cafés y
restaurantes, desde cuyo interior se puede observar
confortablemente la vida y el ajetreo de la gran
ciudad. El visitante se refresca con jugos de frutas
criollas, como piña, melón, toronja, o guanábana.
El que desee una pequeña merienda, come arepa,
(pan de maíz aderezado con los más diversos
rellenos), o se decide por una cachapa, (tortilla de
maíz servida con queso).
También puede hacer una comida más substanciosa
y probar alguno de los platos típicos, tales como
el pabellón, el sancocho o la hallaca.
Las Torres del Silencio, la pareja de enormes
edificios de 32 pisos que caracterizan la Caracas
moderna, son la sede de varios ministerios y
oficinas administrativas gubernamentales.
Detrás de las Torres se levanta una colina a la cual
se sube por una amplia escalinata, llegando al
parque del Calvario, construido por Guzmán Blanco
y diseñado por arquitectos paisajistas franceses.
Todavía se pueden ver, marchando con precisión,
los grandes relojes públicos que el dictador importó
de Inglaterra. Desde este parque se logra una buena
vista de toda la ciudad: el Palacio de Miraflores,
el Palacio Blanco, las Torres del Silencio y, más
lejos, las nuevas construcciones como el conjunto
Parque Central.
Si en el siglo XIX fue Guzmán Blanco quien dio una
nueva imagen a Caracas, en la década de los años
cincuenta de nuestro siglo la capital tuvo una
nueva transformación. Para la modernización de
Caracas se invirtieron inmensas sumas gracias a la
prosperidad del país. Las edificaciones de la Ciudad
Universitaria, con su famoso auditorio futurístico,
las Torres gemelas, el Teleférico del Avila y el
nuevo hipódromo de La Rinconada se realizaron
en esta época. La ciudad continuó creciendo y,
posteriormente, la puesta en servicio de un
moderno Metro y la creación de boulevares y zonas
peatonales, han tratado de aliviar algunas de las
consecuencias de este crecimiento.
El desarrollo arquitectónico de Caracas ha seguido
avanzando y la ciudad muestra, entre otros,
interesantes trabajos de vanguardistas como el
francés Le Corbusier y el venezolano Carlos Raúl
Villanueva.
Las lujosas construcciones de oficinas y comercios
de esta metrópoli moderna nacieron gracias a los
ingresos producidos por la industria del petróleo.
Pero la rapidez del desrarollo, como en todas partes,
trajo también sus desventajas consigo: Atraídos por
el brillo de la capital, gran cantidad de la población
rural emigró a la ciudad para probar allí fortuna

Das zerschlagen der Piñata ist der Höhepunkt jedes Kindergeburtstages in Venezuela. Die Kinder, denen die Augen verbunden werden, schlagen mit einem Stock solange auf die mit Süssigkeiten und Spielsachen gefüllte Figur ein, bis sie aufbricht - dann stürzen sich alle jubelnd auf den Inhalt.

In der Innenstadt sind viele offene Cafés und Restaurants, von denen aus man dem lebhaften Treiben der grossen Stadt entspannt zusehen kann. Die Besucher stärken sich mit den venezolanischen Fruchtsäften aus Ananas—, Pampelmusen— oder dem sehr erfrischenden Guanábanasaft. Wer dabei auf einen kleinen Imbiss nicht verzichten will, isst eine Arepa, ein mit den unterschiedlichsten Füllungen angebotenes Maisbrötchen, oder er entscheidet sich für eine Cachapa con queso, ein mit Käse gefülltes Maisgebäck.

Nicht weit von den historischen Gebäuden, Zeugen bewegter venezolanischer Geschichte, hat sich das moderne, hektische Caracas seine Denkmäler errichtet. Noch immer gelten die beiden "Torres" vom Centro Simón Bolívar im Silencio als Wahrzeichen der Stadt und sind Sitz verschiedener Behörden, wenngleich im Bauboom der sechziger und siebziger Jahre viel gewaltigere Wolkenkratzer in den Himmel gehoben wurden.

Westlich der Zwillingstürme führen breite Stufen auf den Kalvarien-Berg, von dem man einen guten Blick auf den Regierungspalast und das Weisse Haus hat. Von hier aus kommt man in den Parque El Calvario, dessen Anlage Guzmán Blanco zusammen mit französischen Gartenbauarchitekten entworfen hat. Die grossen, immer noch pünktlich gehenden Uhren aus dem 18. Jahrhundert liess der Diktator aus England importieren.

Die aufwendigen Bürohäuser und Einkaufszentren dieser modernen City sind mit den Einnahmen aus der Erdölgewinnung in den fünfziger Jahren entstanden.

Auch die Universitätsanlagen mit dem berühmten futuristischen Auditorium, die Zwillingstürme, die Drahtseilbahn sowie die neue Pferderennbahn entstanden in dieser Epoche. Der architektonische Fortschritt geht in Caracas unaufhaltsam weiter, die Stadt ist ein Tummelplatz für Avantgardisten wie den Franzosen Le Corbusier und den Venezolaner Carlos Villanueva geblieben.

Wie überall auf der Welt, hat diese schnelle Entwicklung auch ihre Schattenseiten; angezogen durch den Glanz der Metropole kamen grosse Teile der Landbevölkerung in die Stadt und versuchten dort ihr Glück. Die Zahl der Zugewanderten war bald zu gross, als dass sich ihnen die Möglichkeit einer gesicherten Existenz

architects commissioned by Guzmán Blanco. An old English clock imported by the dictator still keeps perfect time. The park commands a fine view of the Miraflores Palace, the White House, the Twin Towers and further distant, the recently constructed Parque Central towers.

While Guzmán Blanco shaped the face of Caracas in the 19th century, the nineteen fifties brought about even more changes. Economic prosperity made it possible to channel enormous sums of money into modernizing the city. The University City buildings with the famous futuristic auditorium, the Twin Towers, the Avila cable car and the Rinconada Race Track were all built during this period. As the city grew, new additions, such as a modern subway and pedestrian malls, were made to alleviate this rapid explosion.

The architectural development of Caracas continues; testimony to this are avant-garde works by Frenchman Le Corbusier and Venezuelan Raúl Villanueva.

Luxurious modern office highrises and shopping centers were built thanks to the discovery of oil. But this accelerated development has a dark side as well. A large percentage of the rural population emigrated to the big affluent city to seek their fortune. Thus, the shanty towns sprouted up. Soon, the number of migrants outgrew the number of available jobs. Despite the drawbacks which accompany modernization, the "Caraqueño" enjoys life in the city, probably because the Venezuelan character readily adapts to new situations. The businessman would gladly leave his air-conditioned office and conduct business over a cup of coffee at the local cafe. While the Venezuelan woman has many new shopping malls to choose from, she still prefers to do her shopping at the open markets. Leisure time is not wasted in front of the television, but is more likely spent strolling in a park, enjoying a live baseball game or betting at La Rinconada, one of the world's most beautiful race tracks.

Those who prefer to spend the weekend out of town can travel on the expressway (completed in 1963) to Colonia Tovar, some fifty kilometers away. This village lies on a tableland at 1,800 meters above sea level and enjoys a mildly cool climate. Here the tired city-dweller finds relaxation walking through the forests. The Colonia Tovar is the only real German settlement outside of Germany today.

In 1843, Martín Tovar granted 385 farmers from Briesgau and the Black Forest, the lands to found their community. For almost eighty years they lived in virtual isolation, yet by virtue of their industriousness, perseverance and collective strength,

y surgieron los ranchos. Pronto el número de inmigrados fue tal que difícilmente encontraban oportunidades de trabajo que pudieran garantizarles la existencia.

A pesar de toda la modernización y los compromisos que ésta trae consigo, el caraqueño goza de la vida en su ciudad, porque el carácter venezolano se adapta rápidamente a nuevas situaciones. Así, por ejemplo, el caraqueño renuncia con gusto a su oficina provista de aire acondicionado para concluir sus negocios como antes en el local de enfrente tomándose un "cafecito". A pesar de los muchos centros comerciales, la mujer venezolana a menudo prefiere hacer sus compras en los mercados libres. Las horas libres no se pasan solamente delante del televisor, sino también paseando en uno de los muchos parques o asistiendo al beisbol o a la corrida de toros, y el que gusta de caballos y apuestas, visita la Rinconada, uno de los hipódromos más bellos del mundo.

Quien prefiere pasar el fin de semana fuera de Caracas, puede tomar la autopista construida en el año 1963, y se dirige a la Colonia Tovar que se encuentra a unos 50 Km de la capital. Este pueblo está situado sobre una altiplanicie a 1.800 m. sobre el nivel del mar y goza de un clima agradable y templado. El citadino cansado encuentra aquí su descanso paseando por los bosques. La Colonia Tovar es la única población de origen netamente germánico que se encuentra fuera de Alemania.

En el año de 1843 Don Martín Tovar cedió a 385 campesinos provenientes de las zonas del Breisgau y de la Selva Negra parte de sus tierras donde fundaron una aldea rural. Allí vivieron casi ochenta años completamente aislados y gracias a su laboriosidad, perseverancia y fuerza proveniente de un gran sentido colectivo, lograron superar enfermedades y otras dificultades que surgieron del aislamiento del nuevo ambiente, manteniendo el aspecto típico de los pueblos de su patria de origen, con su iglesia y molinos. Empezaron a cultivar frutas y verduras, como en Alemania. Junto al molino venden pan campesino alemán, y en los múltiples restaurantes instalados en casas con paredes entramadas, los habitantes del pueblo sirven salchicha con repollo agrio o café con torta "Selva Negra".

Al salir del pueblo, el visitante es despedido con la palabra "Auf Wiedersehen" (hasta la vista) desde el portal construido por el gobierno nacional. El interesado en las artes plásticas tendrá oportunidad de visitar los museos de Caracas. En el Museo de Arte Contemporáneo, en Parque Central, se pueden admirar exposiciones de artistas

hätte bieten können, und so entstanden die "Barrios", wie die Elendsviertel in Venezuela genannt werden. Trotz aller Modernisierung und der sich daraus ergebenden Zwänge geniesst der Caraqueño das Leben in seiner Stadt, denn das venezolanische Naturell passt sich schnell der veränderten Situation an. Dennoch verzichtet der Caraqueño gerne auf ein vollakklimatisiertes Büro und wickelt seine Geschäfte lieber wie bisher im Café beim "Cafecito" ab und trotz der vielen grossen Einkaufs-Zentren bevorzugt die Venezolanerin den Einkauf auf dem vertrauten Wochenmarkt. Die Freizeit wird nicht nur vor dem Fernsehschirm verbracht, man erholt sich in den vielen Grünanlagen, geht zum Baseball oder Stierkampf, und wer an Pferden Freude hat, besucht die Rinconada, eine der schönsten Pferderennbahnen der Welt.

Wer das Wochenende lieber ausserhalb Caracas' verbringt, fährt über die 1963 ausgebaute Autostrasse 50 km nach Tovar. Dieser Ort, in einem Hochtal 1800 m über dem Meeresspiegel gelegen, hat ein angenehmes, frisches Klima. Auf Spaziergängen findet der müde Städter hier Erholung. Tovar ist die einzige rein allemannische Siedlung ausserhalb Deutschlands. 1843 überliess Don Martín Tovar 385 Bauern aus dem Breisgau und dem Gebiet des Kaiserstuhls dieses Gelände, wo sie fast achtzig Jahre vollständig isoliert lebten. Mit Fleiss, Ausdauer und der Kraft aus einem beispielhaften Zusammengehörigkeitsgefühl, das Krankheiten und den sich aus der Abgeschlossenheit von der neuen Umwelt ergebenden Zwängen erfolgreich Widerstand leistete, erbauten sie eine kleine, den Dörfern ihrer Heimat ähnlichen Ortschaft mit Kirche und Mühle. Sie bauten Früchte und Gemüse an wie in Deutschland. In der Mühle wird deutsches Landbrot verkauft, und in den vielen Fachwerkgasthäusern wird Wurst mit Sauerkraut oder Kaffee mit Schwarzwälder Kirschtorte serviert. Beim Verlassen des Ortes grüsst den Besucher ein "Auf Wiedersehen".

Beliebt sind auch Ausflüge in einen der vielen Badeorte an der Küste des karibischen Meeres, wie das alte Macuto oder an den neueren Badestrand von Los Caracas.

Die Stadt beherbergt eine Reihe von Museen, so im Parque Los Caobos die Galería de Arte Nacional mit wechselnden Austtellungen moderner venezolanischer Künstler oder das Museo de Ciencias Naturales mit einer Keramiksammlung aus vorspanischer Zeit. Die "Quinta Anauco", ist ein Hacienda-Haus aus der Kolonialzeit, in dem Simón Bolívar seine letzte Nacht in Caracas verbrachte.

they were able to withstand disease and survive other hardships of their new environment. The church, mills and houses are all built in typical German style. As in Germany, they began cultivating fruits and vegetables. Alongside the mill, German black bread is sold. Little home-style restaurants with typically paneled walls serve "wurst" with sauerkraut or coffee with "Black Forest" cake. Upon leaving the town, the visitor is bid farewell with an "Auf Wiedersehen" painted on the government-erected city gate.

Art lovers can visit the many museums in Caracas. At the Museum of Contemporary Art in Parque Central there are many paintings on display by contemporary Venezuelan artists. The National Art Gallery in Los Caobos Park has an interesting collection of Venezuelan paintings and the Museum of Natural Sciences displays a collection of pre-Hispanic pottery. Next door is the ultramodern and functional cultural complex dedicated in honor of the famous Venezuelan pianist, Teresa Carreño. The "Quinta Anauco" in San Bernardino houses the Museum of Colonial Art which was a coffe plantation during colonial times. Simón Bolívar spent his last night in Caracas here in 1827. Of special interest is the bath which contains a sunken stone tub which constantly receives fresh mountain water. Near the Quinta Anauco is the National Pantheon, formerly a church, which was flattened by the 1812 earthquake and completely reconstructed by Guzmán Blanco. Today it is the final resting place of Simón Bolívar and many heroes of the independence struggle. As a symbolic gesture, an empty casket is left ajar to await the remains of Francisco de Miranda, Precursor of the Venezuelan independence movement who died in a Cádiz, Spain prison before he could see his ideals of freedom come to fruition.

The old colonial road to La Guaira begins at the Portal of La Pastora at the foothills of the mountain range to the north of the city. Climbing atop the old ruins of forts on the west side of the road offers a spectacular view of the mosaic and incongruently patterned city of Caracas.

The Caribbean coast can be reached by a modern tollroad or a cable car which crosses over the Avila. Upon viewing the city from the cable car, one can clearly see why expressway distribution ramps have been dubbed with such names as "The Spider" or "The Octopus". These modern throughways travel in and out a labrynth of highrises, parks, shopping malls and pastel-painted houses with their characteristic red-tiled roofs, all of which forms a kaleidoscope of scenery surrounded by mountain ranges.

venezolanos modernos. La Galería de Arte Nacional, situada en el Parque Los Caobos, presenta una interesante colección de pintura venezolana y el Museo de Ciencias Naturales muestra su colección de cerámica de la época prehispánica. Al lado se encuentra el moderno y funcional auditorio Teresa Carreño, nombrado así en homenaje a la famosa pianista venezolana.

La "Quinta Anauco" en San Bernardino alberga al Museo Colonial, y fue una hacienda de la época de la colonia, en la cual Bolívar pasó su última noche en Caracas. En la sala de baño llama la atención la bañera de piedras empotrada que recibe constantemente agua de una acequia que atraviesa la casa. A la misma altura de la Quinta Anauco se encuentra una antigua iglesia, el Panteón Nacional, destruido en 1812 por el terremoto y reconstruido por Guzmán Blanco. Hoy en día es el mausoleo de Simón Bolívar y de muchos Próceres de la guerra de Independencia.

Un sepulcro abierto espera, como gesto simbólico, los restos de Francisco de Miranda el Precursor del movimiento independista venezolano, que murió en una cárcel en Cádiz, España, y no vivió para ver la realización de sus ideas de libertad americana.

El camino viejo a La Guaira, construido en la época colonial, comienza en la Puerta de Caracas, en la Pastora, en las estribaciones de la montaña en el norte de la ciudad. Desde las terrazas de viejos fortines en ruinas, en la fila occidental del camino, se contempla una hermosa vista sobre el mosaico grandioso y abigarrado de la dinámica capital. Para llegar a la costa del Caribe, el visitante puede utilizar la moderna autopista o tomar el teleférico que tramonta el macizo del Avila. Al echar un vistazo desde la cabina del teleférico sobre la ciudad, se hacen claramente comprensibles los nombres tan acertados de los ramales de distribución de las autopistas, como el Pulpo y la Araña. Estas autopistas atraviesan el laberinto de altos edificios, parques, centros comerciales y gran cantidad de techos rojos de casas bajas que, pintadas de diversos colores, forman un panorama caleidoscópico, rodeado por los cerros de la Cordillera de La Costa. En la cima de la montaña, se transborda a otro teleférico que desciende por la vertiente norte del Avila hacia la pintoresca costa del Caribe, con sus numerosos balnearios como el viejo Macuto o el moderno Los Caracas y multitud de hoteles y restaurantes.

La zona colonial de La Guaira con sus calles empedradas, esta cercana al activo puerto y conserva antiguas construcciones como la casona de la compañía Guipuzcoana.

Im Baderaum dieses Hauses finden wir eine Kuriosität: ein Wasserbecken, das ständig von einen Bach gespeist wird, der durch das Badezimmer fliesst.

Nicht weit von der Quinta Anauco entfernt befindet sich eine alte Kirche, das Panteón Nacional. Beim Erdbeben 1812 wurde sie zerstört, Guzmán Blanco liess sie wieder aufbauen. Heute ist sie Mausoleum in dem Simón Bolívar und viele andere Helden der Befreiungskriege beigesetzt sind. Ein offenes Grab wartet symbolisch auf die sterblichen Reste von Francisco de Miranda, el Precursor, dem Vorkämpfer der venezolanischen Freiheitsbewegung, der in einem Gefängnis in Spanien starb und die Verwirklichung seiner Ideen nicht mehr miterlebte.

Die alte Strasse nach La Guaira, in den Gründungszeiten von den Spaniern erbaut und befestigt, beginnt an der Puerta de Caracas im Stadtteil La Pastora.

Folgt man dem "Camino Real", dessen altes Pflaster noch an verschiedenen Stellen zu sehen ist, hat man immer wieder einen schönen Blick auf das farbenprächtige Mosaik der pulsierenden Grosstadt. Hier erkennt man, warum die vielspurigen Autobahnkreuze so zutreffende Namen wie El Pulpo (Tintenfisch) und La Araña (Spinne) haben. Breite Schnellstrassen ziehen sich durch das Gewirr der Hochhäuser, Einkaufszentren, Grünflächen und die Menge der roten Dächer einstöckiger Häuser hin, ein kalaidoskopartiges Panorama, umgeben von den Bergketten der Küstenkordillere, an deren steilen Hängen noch die Reste dreier alter Wehrburgen stehen, die einst den Weg von Caracas nach La Guaira beherrschten.

Das kleinstädtische, koloniale La Guaira ist ein Besuch wert. Die engen Gassen, die gerade Platz für zwei sich begegnende Esel gelassen haben, vermitteln einen Eindruck vom Lebensstil vergangener Epochen.

At the summit of the Avila, another cable car travels down the northern slope to the picturesque Caribbean coastline. Beach resorts as old as Macuto and as new as Los Caracas are dotted all along the northern shores and are accompanied by a host of hotels and road-side restaurants. The old colonial section of the bustling port of La Guaira has conserved cobblestone streets and colonial buildings, such as the one from which the Royal Guipuzcoana Company operated in the 18th century.

El Oriente, perlas y costas

*Se fijaban nuestras miradas en los grupos de
cocoteros que bordean la costa, cuyos troncos de
más de sesenta pies de altura dominan el paisaje.
La planicie está cubierta de conjuntos de casias,
cápparis y de esas mimosas arborescentes que,
semejantes al pino de Italia, extienden sus brazos
en forma de quitasol. Las hojas pinadas de las
palmeras se destacan sobre el azul del cielo cuya
pureza ningún vestigio de vapores enturbiaba.
Subía el sol rápidamente hacia el zenit. Difundíase
una luz deslumbradora por el aire, por colinas
blanquecinas tapizadas de nopales cilíndricos, y por
un mar sosegado, cuyas riberas están pobladas de
alcatraces, garzas y flamencos. Lo brillante del día,
la intensidad de los colores vegetales, la forma de
las plantas, el variado plumaje de las aves, todo
anunciaba el carácter resaltante de una potente
naturaleza tropical.*

*Viaje a las Regiones Equinocciales
del Nuevo Continente
Alejandro von Humboldt*

El famoso naturalista Alejandro de Humboldt
escribió estas palabras después de haber visto por
primera vez la costa de Venezuela al amanecer del
16 de julio de 1798. Hoy al viajero se le ofrece el
mismo panorama de aquel entonces: las playas del
Caribe como "Playa Colorada", donde la arena
color de oro y el mar azul bordean la frondosa
vegetación que parece extenderse sin fin. La costa
del oriente de Venezuela es una cadena sin fin de
playas frente a un ancho mar azul salpicado de
islas solitarias. "Un paraíso terrenal, un mundo
distinto", escribió Colón al llegar en su tercer viaje
a la costa oriental de Venezuela.
En el año de 1521 los españoles fundaron la ciudad
de Nueva Toledo, la actual Cumaná. Esta ciudad,
la más antigua de Venezuela, sigue siendo hoy una
de las que tienen más vitalidad en la costa oriental
de Venezuela. La fortaleza de San Antonio,
construida en el siglo XVII sobre una colina de
poca vegetación a unos 60 metros sobre el nivel del
mar, es el monumento histórico cumanés de mayor
importancia. Con la fresca brisa del atardecer, se
puede admirar desde aquí uno de los panoramas más
bellos del Caribe: al oeste las pequeñas islas Picuda,
Caracas y Borracha y al norte la península de Araya
y, mar adentro, los picos de las montañas de la
isla Margarita.
Un ferry lleva al visitante desde Puerto La Cruz
o Cumaná hasta Margarita. Los venezolanos llaman
cariñosamente a esta isla "La perla del Caribe" y
este calificativo, que puede parecer exagerado, se

Der Osten, Perlen und Küsten

Pearl Coasts of the East

Unsere Blicke hingen an den Gruppen von Kokosbäumen, die das Ufer säumten und deren zwanzig Meter hohe Stämme die Landschaft beherrschten. Die Ebene war bedeckt mit Büschen von Cassien, Capparis und den baumartigen Mimosen, die gleich den Pinien Italiens ihre Zweige schirmartig ausbreiten. Die gefiederten Blätter der Palmen hoben sich von einem Himmelsblau ab, das keine Spur von Dunst trübte. Die Sonne stieg rasch zum Zenith auf; ein blendendes Licht war in der Luft verbreitet und lag auf den weisslichen Hügeln mit zerstreuten zylindrischen Kakteen und auf dem ewigruhigen Meere, dessen Ufer von Alcatras (Pelicanus fuscus, L.), Reihern und Flamingos bevölkert sind. Das glänzende Tageslicht, die Kraft der Pflanzenfarben, die Gestalten der Gewächse, das bunte Gefieder der Vögel, alles trug den grossartigen Stempel der tropischen Natur.

Alexander von Humboldt
Vom Orinoco zum
Amazonas

Der berühmte Naturforscher Alexander v. Humboldt schrieb diese Zeilen, nachdem er beim Tagesanbruch des 16. Juli 1799 zum ersten Mal die Küste Venezuelas erblickt hatte. Für den Reisenden bietet sich noch heute der gleiche Anblick wie damals; die karibischen Strände wie der der "Playa Colorada", dessen goldfarbener Sand vom blauen Meer und der üppig grünen Vegetation begrenzt wird, erstrecken sich anscheinend endlos im Osten des Landes. "Ein Paradies auf Erden, eine andere Welt" schrieb Kolumbus, als er auf seiner dritten Reise die Ostküste Venezuelas erreichte.
An der Ostküste gründeten im Jahre 1521 Spanier die Stadt Nueva Toledo, das heutige Cumaná. Diese älteste Stadt Südamerikas, 418 km von Caracas entfernt, ist bis heute einer der lebendigsten Orte der venezolanischen Ostküste geblieben. Die im 17. Jahrhundert erbaute Festung San Antonio auf einem versteppten, lichten Hügel, knapp 60 m über dem Meeresspiegel, gelegen, ist der historisch wichtigste Bau der Stadt. In der kühlen Abendbrise während des Sonnenunterganges sieht man hier auf eines der schönsten Panoramen der karibischen Szenerie: im Westen trifft der Blick die kleinen Inseln Picuito, Caracas und Borracha, im Norden auf die flache Halbinsel von Araya und dahinter auf die Berggipfel der Insel Margarita.
Eine Fähre bringt den Reisenden von Cumaná nach Margarita. Venezolaner nennen diese Insel liebevoll die "Perle der Karibik". Und angesichts der glitzernden Korallenstrände, der grünen

"Our glance was arrested by a grove of palm trees along the shore, their sixty-foot tall trunks towering above the landscape. The terrain is covered with cassia and capparis bushes and the tree-like mimosas which spread their fan-shaped branches like Italian pines. The feathery fronds of the palms were etched against a blue sky of crystalline and cloudless translucence. The sun climbed quickly to its zenith and beat down blindingly on the whitish hills with their occasional cylindrical cactus and on the calm and tranquil sea. The shores were alive with pelicans, herons and flamingos. The shimmering day light, the intense colors of the vegetation, the shapes of the plants and the colorful plumage of the birds all bore the incomparable stamp of the tropics".

Travels to the Equinoctial
Regions of the New Continent
During the Years 1799-1804
Alexander von Humboldt

These words were written by the famous German naturalist Alexander von Humboldt as he first set eyes upon the Venezuelan coastline at daybreak of July 16, 1798. Today's traveler is equally impressed by the beauty of Venezuelan shores. Caribbean beaches such as "Playa Colorada" with its rich reddish-golden sand, crystal-blue waters and luxuriant surrounding vegetation, seem to stretch on endlessly. Venezuela's eastern coastline is an endless chain of beaches facing a vast deep blue sea dotted with tiny islands. "A paradise on earth, a different world", wrote Columbus upon reaching the Venezuelan coastline on his third voyage to the New World.
In 1521, the Spaniards founded the city of New Toledo, today known as Cumaná. This city, the oldest in Venezuela, is today one of the country's most flourishing commercial centers. On a hill above downtown Cumaná, some sixty meters above sea level, stands the 17th century San Antonio Fort, Cumaná most important historical monument. As dusk falls and a light breeze comes in, one looks out across the beautiful Caribbean: the fort commands a unique panorama of Picuda, Caracas and Borracha islets to the west, the Araya Peninsula to the north and across the bay, the mountain peaks of Margarita Island.
A ferry travels from Puerto La Cruz or Cumaná to Margarita. Venezuelans affectionately refer to this island as the "Pearl of the Caribbean". One can appreciate the epiteth upon contemplating its dark-hued mountains, lush green mangroves and sparkling coral beaches; nonetheless, the name is

revela adecuado al contemplar las oscuras montañas, los manglares verdes y las brillantes playas coralinas con su pasado aventurero de la pesca de perlas.

Margarita tiene muchos rostros y cada uno de sus pueblos ofrece características y especialidades propias: Porlamar es conocida por la construcción de embarcaciones menores, San Juan por la elaboración de bebidas que solamente se producen allí; en Pedregales hay alfarería muy peculiar, y en Juan Griego las mujeres venden empanadas de cazón. Muchos pueblos de Margarita poseen una fortaleza y cada una de ellas tiene su leyenda, contada por los muchachos del pueblo, en variaciones diferentes y renovadas. Los españoles construyeron estas fortalezas en el siglo XVII para proteger de los piratas su flota mercante y los mitos sobre piratas y sus tesoros enterrados permanecen vivos en la mente del pueblo. Uno de los personajes, que siempre aparece en los cuentos, es Pierre Dantan; se dice de él haber enterrado en el siglo XVII un inmenso tesoro en algún sitio de Margarita.

La isla vecina de Cubagua tuvo su gran época en en la primera mitad del siglo XVI, cuando los españoles encontraron en sus ostrales —así se cuenta— perlas del tamaño de uvas. Los collares de perlas de los aborígenes despertaron en los aventureros una fiebre que los impulsó a explotar los ostrales despiadadamente durante veinte años. La leyenda cuenta que a Dios se le terminó la paciencia en el año 1541 y envió un terrible maremoto que arrasó la recién fundada ciudad de Nueva Cádiz, cuyas ruinas todavía se pueden ver. Hoy quedan pocos pescadores de perlas en Cubagua, hombres bronceados, de piel curtida por el viento y el aire salino, cuya labor es poco rentable y que al anochecer después de un día de dura labor se cuentan relatos de hallazgos increíblemente grandes y de pescadores de perlas enriquecidos. Las leyendas siempre vivas confieren a las ruinas el aire de aventuras de su esplendor pasado.

Todavía existe una pequeña industria pero la riqueza de las perlas pertenece al pasado. El oriente de Venezuela vive hoy día principalmente del tráfico de sus puertos y del que, al amanecer, se convierten en escenario de animados espectáculos: mujeres fumando tabaco (para disfrutarlo más, llevan el extremo encendido dentro de la boca) reciben a los botes pesqueros multicolores con gestos y gritos, para luego regatear con vehemencia el precio de las sardinas, carites, pargos, lenguados y langostas. Al finalizar esta ceremonia diaria, las mujeres dejan el puerto y se dirigen al mercado balanceando las colmadas cestas sobre sus cabezas.

Mangrovenwälder und der abenteuerlichen Perlenfischerei-Vergangenheit erscheint diese zunächst etwas übertrieben wirkende Bezeichnung durchaus angemessen. Margarita hat viele Gesichter und jedes ihrer Dörfer seine ganz eigenen Merkmale und Spezialitäten: Porlamar ist für den Bau von kleineren Schiffen bekannt, San Juan stellt Getränke her, die es nur hier gibt, in Pedregales findet man eigenwillige Töpferwaren, und in den kleinen Häusern von Juan Griego kann man von den Frauen des Ortes gebackene Haifisch-Empanadas (mit Haifischflossenfleisch gefüllte Maismehltaschen) verzehren. Beinahe jedes Dorf auf Margarita hat eine Festung und um jede Festung rankt sich eine Legende, welche die kleinen Dorfjungen in immer neuen und anderen Varianten erzählen. Die Spanier hatten diese Festungen im 17. Jahrhundert erbaut, um ihre Handelsflotte vor Seeräubern zu schützen. Sagen über Piraten und ihre vergrabenen Schätze leben bis heute im Volksbewusstsein. Eine in den Erzählungen immer wiederkehrende Figur ist Pierre Dautan, der im 17. Jahrhundert irgendwo auf Margarita einen immensen Schatz vergraben haben soll.

Die Nachbarinsel Cubagua hatte ihre grossen Tage in der ersten Hälfte des 16. Jahrhunderts, als die Spanier — so erzählt man sich — weintraubengrosse Perlen aus den Austernbänken fischten. Die Perlenhalsbänder der Eingeborenen hatten bei den Abenteurern einen Rausch ausgelöst. Zwanzig Jahre lang beuteten sie die Austernbänke rücksichtslos aus. Die Sage erzählt" Gott riss im Jahre 1541 die Geduld, und er schickte einen mächtigen Sturm", der die gerade entstandene Stadt Neu-Cadiz verwüstete, deren Ruinen noch zu sehen sind. Heute gibt es nur noch wenige Perlenfischer auf Cubagua, braungebrannte Männer mit von Wind und Salzluft gegerbter Haut, die einem wenig einträglichen Beruf nachgehen und sich abends nach der harten Arbeit die Geschichten vom Fund unvorstellbar grosser Perlen und von reichgewordenen Perlentauchern erzählen. Die lebendig gebliebenen Legenden weben um die Ruinen der kleinen Insel ein Gespinst von Abenteuer und vergangener Pracht. Es gibt zwar noch eine kleine Perlenindustrie, aber der Glanz der Perlen gehört der Vergangenheit an. Der Osten Venezuelas lebt heute vorwiegend von den Häfen und vom Fischfang. Bei Tagesanbruch werden die Häfen zum Schauplatz lebhafter Szenen: Zigarren rauchende Frauen, die —um nur ja keinen Tabak zu verschwenden— die glühende Spitze im Mund halten, empfangen

actually derived from the island's long history of pearl harvesting.

Margarita has many faces and each town has its own peculiar character. Porlamar, for example, is known for boat building; San Juan for beverage making; Pedregales for its interesting pottery-making; and Juangriego for its delicious fish pastries made by the local women. Many of the towns and villages of the island have forts, each with its own legend, which is told with ever-new variations by local youngsters. The Spaniards built these fortresses in the 17th century to ward off pirates who were after their merchant fleets. Many tales of pirates and myths of buried treasure remain alive today. One such popular character who appears in nearly every story is Pierre Dautan who is said to have buried treasure of great wealth somewhere on the island in the 17th century.

The neighboring island of Cubagua enjoyed its golden age in the first half of the 16th century when the Spaniards, it is said, discovered pearls the size of grapes in offshore oyster beds. The pearl adorments worn by the Indians sparked a fever that led to the relentless overharvesting of pearls for twenty years. According to legend, God became very impatient with the people and sent a terrible tidal wave in 1541 which wiped out the recently founded city of New Cádiz. The ruins are all that are left today.

Few pearl divers are to be found today in Cubagua. Profits from a days work barely meet subsistence levels. Nonetheless, as night falls each day, the divers —skin tanned by the hot sun and weathered by the salty air— gather to tell stories of incredible exploits and divers who finally made their fortune. Tales of such adventures, spun amidst the ruins, lend an air of splendor to the island's past.

Pearls are as yet exploited, though on a rather small scale. Eastern Venezuela thrives basically on its fishing and shipping industries. At daybreak, the harbors are bustling with cigar-smoking women (who prefer the lighted end inside their mouths), waving and shouting at the incoming fisherboats. Then the wild bartering begins for the sardines, swordfish, red snapper, flounder and lobsters. At the end of this daily ritual, the women leave for the market, baskets full of fish balanced on their heads. Most of the catch, however, goes to the canning industry, which has managed to make its mark on markets abroad.

On the Araya Peninsula just opposite Cumaná, is the huge Santiago fort built by the Spaniards to protect the rich salt beds still mined commercially today. Further down the coast is Carúpano, famous

La mayor parte de la pesca, sin embargo, es enlatada por la industria de conservas, que ha conquistado un puesto firme en el mercado internacional. Frente a Cumaná, en la península de Araya, se encuentra el enorme castillo de Santiago, construido por los españoles para proteger las extensas salinas que todavía hoy son objeto de explotación comercial.

El ron de Carúpano, elaborado en la ciudad de este nombre, es de fama ya muy antigua. El embarcadero de petróleo de Puerto La Cruz da trabajo a muchos habitantes de esta ciudad oriental, la cual poco a poco ha superado económicamente a Barcelona. No obstante, Barcelona, capital del Estado Anzoátegui, es todavía una de las ciudades más importantes de Venezuela que fue además uno de los escenarios heroicos de la historia del país. Las ruinas de la "Casa Fuerte", hacen recordar el año sangriento de 1817, cuando los soldados del ejército libertador se atrincheraron en el antiguo convento construido por monjes franciscanos al fundarse la ciudad y presentaron una denodada oposición al terrible asalto de los realistas.

Al este de Barcelona, en las estribaciones de la Cordillera de la Costa, en el valle boscoso de Caripe, se encuentra la cueva del Guácharo, dentro de la cual nace un río.

En esta grandiosa cueva, que causó admiración en 1799 al ilustre viajero Alejandro de Humboldt, viven multitud de guácharos, las aves nocturnas que el sabio alemán clasificó con el nombre de *Steatornis Caripensis* y cuyo nombre indígena se le dio a la cueva donde anidan.

Esta gigantesca e importante cueva está situada en medio de una selva pluvial tropical que sirve de pintoresco marco: las frondas de árboles como la Genipa y el Mamey sobresalen del denso follaje de Cubrail y Erythrinas. La vegetación exuberante de esta zona con sus palmeras elegantes y una multitud de orquídeas variadísimas, se extiende hasta el Delta del Orinoco.

gestikulierend und mit Geschrei die bunten Fischkutter. Wildes Gefeilsche um den glitzernden Fang von Sardinen, Carites, Rotbarsch, Flundern und Hummern hält Fischer und Frauen in Atem. Gegen Ende dieser allmorgendlichen Zeremonie verlassen die Frauen, gefüllte Körbe auf dem Kopf balancierend, den Hafen in Richtung Markt. Der grösste Teil des Fischfangs wird jedoch von der Konservenindustrie verarbeitet, die sich auf dem internationalen Markt einen festen Platz erworben hat.

Neben dem Fischfang ist die Salzgewinnung der Halbinsel Araya eine der Erwerbsquellen. Der Carúpano-Rum, der in der gleichnamigen Stadt hergestellt wird, erfreut sich des besten Rufes. Der Erdölexporthafen von Puerto La Cruz beschäftigt sehr viele Menschen dieser grossen Stadt des Ostens, die Barcelona wirtschaftlich mehr und mehr überflügelt. Barcelona, einst Schauplatz geschichtlicher Ereignisse, ist aber immer noch eine der wichtigsten Städte Venezuelas. Die "Casa Fuerte" (Festes Haus) erinnert an das Jahr 1817, als sich Freiheitskämpfer in dem von Franziskaner-Mönchen bei Gründung der Stadt erbauten Kloster verschanzten und den Royalisten erbitterten Widerstand leisteten.

Oestlich von Barcelona, in den Ausläufern der Küstenkordillere, im Urwaldtal von Caripe, befindet sich die Guácharo-Höhle, in der ein Fluss entspringt. In dieser Tropfsteinhöhle, die 1799 selbst den weitgereisten Alexander von Humboldt in Erstaunen versetzte, leben grosse Schwärme der sogenannten Guácharo Vögel. Der Guácharo, *Steetornis Caripensis*, ist ein Nachtvogel und hat die Grösse eines Huhns. Die Höhle liegt inmitten des tropischen Passatwaldes, der eine malerische Kulisse bildet: die Aeste des üppigbelaubten Genipa-und Mameybaumes überragen das dichte Gebüsch der Coubaril und Erythrina. Dazwischen stehen elegante Palmen. Eine Fülle der verschiedenartigsten Orchideen ziert die üppige Vegetation dieses Gebietes das sich bis zum Delta des Orinoco erstreckt.

for its brand of rum. To the west of Cumaná is Puerto La Cruz, the region's largest employer. It is believed that this eastern port will eventually surpass Barcelona in economic importance; nevertheless, the latter, capital of Anzoategui will still remain one of the nation's more important cities. Historically, Barcelona has been the scene of several heroic events. The fortress ruins recall the bloody year of 1817 when the Republican troops garrisoned themselves in the former Franciscan convent and attempted to fight off a fierce attack led by the Royalists.

East of Barcelona, at the foot of the Coastal Cordillera and within the dense valley of Caripe is the Guácharo Cave. This large cave, at the mouth of which flows a river, was greatly admired by Alexander von Humboldt in 1799. Thousands of nocturnal oilbirds or "guácharos" (classified as *Steatornis caripensis* by the German Baron) nest inside the cave. A tropical rainforest serves as a picturesque backdrop to the cave. The branches of the genip and mamey trees tower over a thick tangle of cubrail and bucare bushes. Exuberant vegetation, elegant palm trees and a host of orchids, extend down to the Orinoco delta.

Conquista del Sur

*"Barra del Orinoco. El serviola de estribor lanza
el escandallo y comienza a vocear el sondaje:
—¡Nueve pies! ¡Fondo duro!
Bocas del Orinoco. Puertas, apenas entornadas
todavía, de una región donde imperan tiempos de
violencia y de aventura... Una ceja de manglares
flotantes, negros en el turbio amanecer. Las aguas
del río ensucian el mar y saturan de olores terrestres
el aire yodado.
—¡Ocho pies! ¡Fondo blando!
Bandadas de aves marinas que vienen del Sur,
rosarios del alba en el silencio lejano.
Las aguas del mar aguantan el empuje del río
y una cresta de olas fangosas corre a lo largo
de la barra.
—¡Ocho pies! ¡Fondo blando!
De la tierra todavía soñolienta, hacia el mar
despierto con el ojo fúlgido al ras del horizonte,
continúan saliendo las bandadas de pájaros.
Los que madrugaron ya revolotean sobre aguas
centelleantes: los alcatraces grises que nunca se
sacian; las pardas cotúas, que siempre se
atragantan; las blancas gaviotas voraces del áspero
grito; las negras tijeretas de ojo certero en la
flecha del pico.
—¡Nueve pies! ¡Fondo duro!
A los macareos han llegado millares de garzas;
rojas corocoras, chusmitas azules y las blancas,
de toda blancura; pero todas albean los esteros.
Ya parece que no hubiera sitio para más y aún
continúan llegando en largas bandadas de
armonioso vuelo.
—¡Diez pies! ¡Fondo duro!
Acaban de pronto los bruscos maretazos de las
aguas encontradas, los manglares se abren en bocas
tranquilas, cesa el canto del sondaje y comienza
el maravilloso espectáculo de los caños del Delta".*

Canaima, Rómulo Gallegos
Capítulo I.

El viaje de 3.000 km. por las riberas del Orinoco
a través de la Guayana empieza en la Sierra
Parima en el lejano sur de Venezuela.
Guayana significa ámbito infinito, aventura y
peligros. Esta zona delimitada por el Orinoco
casi llega a ocupar la mitad del territorio
venezolano y allí vive solamente el 3% de la
población de todo el país. Hace mucho que la
Guayana constituye tema preferido de los
escritores debido a su belleza natural y la
riqueza de su suelo.
Este es el escenario de las novelas "Mundo
perdido" de Conan Doyle y "Mansiones verdes"
de Hudson. Es aquí también donde el héroe

Die Eroberung des Südens

Vorhalle
Sandbank am Orinoco. Der Lotgast an Steuerbord schleudert das Senkblei und beginnt die Tiefe auszurufen.
"Neun Fuss, harter Grund!"
Mündung des Orinoco. Halbgeöffnete Tore zu einem Gebiet, in welchem Gewalt und Abenteuer herrschen. In der trüben Dämmerung ein Saum von schwimmend schwarzen Mangroven. Das Wasser der Flusses färbt das Meer und erfüllt die jodhaltige Luft mit Erdgerüchen.
"Acht Fuss, weicher Grund!"
Von Süden her nahen Züge von Seevögeln, ein Rosenkranz im fernen Schweigen der Morgendämmerung. Das Wasser des Meeres hält dem Anprall des Stromes stand, und schlammige Wellenkämme laufen längs der Sandbank dahin.
"Acht Fuss, harter Grund!"
Von der noch schlummernden Erde her, auf das erwachte Meer zu mit dem leuchtenden Auge am Horizont, kommen immer neue Vogelschwärme. Die sich zuerst erhoben hatten, flattern schon über dem glitzernden Wasser: Die grauen unersättlichen Pelikane; die braunen Wildenten, die sich immer verschlucken; die gierigen weissen Möwen mit ihrem rauhen Schrei; die schwarzen Fregattvögel mit ihrem scharfen Auge auf dem pfeilförmigen Schnabel.
"Neun Fuss, harter Grund!"
Tausenden von Reihern haben die Klippen erreicht: rote Ibisvögel, blaue Reiher und die über und über weissen; sie alle überziehen die Flussmündung mit Weiss. Es scheint, als wäre kein Raum mehr für sie, und doch nahen immer neue lange Züge in anmutiger Übereinstimmung.
"Zehn Fuss, harter Grund!"
Auf einmal hört das jähe Aufeinanderprallen der Wasser auf, die Mangroven verteilen sich in ruhige Mündungen, die Rufe des Lotsen verstummen, und das überwältigende Schauspiel des Deltas bietet sich dem Auge.

Canaima, Rómulo Gallegos
Insel-Verlag 1961
D. Deinhard.

Eine Reise auf dern Orinoco durch Guayana beginnt an den Bergketten der Parima-Berge tief im Süden Venezuelas. Es ist ein fast dreitausend Kilometer langer Weg: Guayana — das ist Unendlichkeit, Leere, Abenteuer, Gefahren. Dieses vom Orinoco abgetrennte Gebiet, in dem nur 3% der Landesbevölkerung leben, ist fast halb so gross wie das gesamte Venezuela. Laut Indianerlegenden

Conquest of the South

"The bar of the Orinoco river.
The starboard lookout throws the sounding lead and starts shouting the sounding—
"Nine feet! Hard bottom!".
The mount of the Orinoco. Gates, hardly ajar, of a region where violence and adventure are dominant.
A horizon of black mangroves against the cloudy dawn. The river's waters pollute the sea and saturate the iodized air with earthy smells.
"Eight feet! Soft bottom!".
Flocks of sea-birds resist the river's push and a crest of muddy waves runs alongside the bar.
"Eight feet! Hard bottom!".
Dawn breaks. Red glow . . . And the black mangroves turn out to be green!
"Nine feet! Soft bottom!"
From the still sleepy land, flocks of birds continue flying towards the awakened sea with ist brilliant eye just above the horizon. The early risers are fluttering already on sparkling waters —the insatiable pelicans, the brown anhingas always choking themselves; the voracious royal terns emitting their raucous cries; the black frigatebirds with their keen eye in their beak's arrow.
"Nine feet! Hard bottom!".
To the channels thousands of herons have arrived —scarlet ibises, little blue herons, snowy egrets— all of them cover the estuary. There seems to be no room for any more, and yet they keep coming in long flocks in harmonious flight.
"Ten feet! Hard bottom!".
Suddenly the huge waves of the colliding waters cease, the mangroves open their quiet mouths, the sounding announcements stop, and the marvelous spectacle of the Delta 'caños' starts".

Canaima, Rómulo Gallegos
Translated by Jaime Tello
Published by the North
American Association of
Venezuela, Caracas, 1984

A 3,000 kilometer journey along the banks of the Orinoco through Guayana begins at the Sierra Parima in southernmost Venezuela. Guayana is synonymous with endless territory, adventure and danger. Delimited by the Orinoco, Guayana occupies practically half of the Venezuelan territory, yet scarcely 3% of the population inhabits the area. For its natural beauty and wealth, Guayana has long been a favorite theme for writers. This has been the setting for works such as Arthur Conan Doyle's

Marcos Vargas, de la novela "Canaima" de
Rómulo Gallegos, lucha contra los peligros de la
selva. Según las leyendas indígenas, es en la
Guayana donde hay que buscar los tesoros de la
ciudad de El Dorado. También Sir Walter Raleigh
emprendió su búsqueda. No encontró las riquezas
esperadas pero, en cambio, las bellezas naturales
lo sorprendieron y lo inspiraron para un escrito
brillante de sus impresiones, que luego entregó a
su reina Isabel de Inglaterra en lugar de
diamantes.
El Orinoco y la Guayana atraían siempre de
nuevo a los aventureros, hombres recios en busca
de una aparentemente riqueza "fácil" de alcanzar.
Buscaban diamantes en el Caroní y arena aurífera
en el cauce del Yuruari, mientras otros probaban
suerte en los bosques de caucho del Alto Orinoco.
La impenetrabilidad de los bosques y las corrientes
raudalosas de la Guayana creaban serias
dificultades a los buscadores de fortuna y la
naturaleza salvaje triunfaba a menudo sobre la
tenacidad de esos cateadores y caucheros y muy
pocos alcanzaban el éxito en las arriesgadas
empresas. Para los indígenas, era Canaima,
deidad del mal, quien impedía el triunfo de
los aventureros.
La Guayana es un paisaje de tepuis, altas
mesetas rodeadas de selvas tupidas y sabanas,
la más alta de las cuales es el Auyan Tepui,
que alcanza a 2.580 metros sobre el nivel del mar.
En el año 1937 el americano Jimmy Angel
aterrizó sobre el Auyan Tepui (Casa de los
Dioses) pero su avioneta quedó enterrada en el
barro de la meseta y no logró despegar. Después de
una caminata de varios días a través de la selva,
a su regreso a la civilización, reveló su
descubrimiento del salto de agua más alto del
mundo (922 m,) que desde entonces lleva el nombre
de Salto Angel. Cuando murió, las cenizas de
Jimmy Angel fueron esparcidas sobre la catarata,
cumpliendo su última voluntad.
Cuando los viajeros vuelan de Caracas a
Canaima pasan ante el Salto Angel y hasta hace
poco tiempo podían ver los restos de la avioneta
sobre el Auyan Tepui que en la actualidad se
exhibe en el Museo de la Aviación en Maracay.
Después de dos horas y media de vuelo el visitante
llega a un pequeño paraíso terrenal: multitud de
cascadas que se precipitan en caídas impresionantes
en la laguna de aguas negras, rodeada de playas
de arena rosada. Alrededor se extienden selvas
frondosas, llenas de aves, flores y orquídeas
de colores llamativos y, más allá, las típicas
mesetas truncadas, de brillante policromía.

liegen hier die goldenen Schätzen der Stadt "El Dorado" begraben. Auch Sir Walter Releigh machte sich auf die Suche nach ihnen. Die erhofften Reichtümer konnte er zwar nicht finden, aber die unerwarteten Naturschönheiten inspirierten ihn zur brillanten Niederschrift seiner Eindrücke, die er dann seiner Königin statt Diamanten überreichte. Abenteurer suchten im Caroní nach Diamanten und im Flussbett des Yuruari nach Goldsand, andere versuchten in den Kautschukwäldern des oberen Orinoco ihr Glück. Die Undurchdringlichkeit der Wälder und die reissenden Ströme machten ihnen schwer zu schaffen. Nur sehr wenige kehrten mit den schwer errungenen Schätzen reich nach Hause zurück. Nach Überzeugung der Indianer war der Erfolg der Abenteurer immer von "Canaima", der Gottheit des Bösen, vereitelt worden.
Guayana ist eine Tafelberglandschaft, (Tepuis), umgeben von dichten Urwäldern. Die Vegetation auf den Hochflächen dieser Tepuis, die bis heute von jedem menschlichen Einfluss verschont geblieben sind, weist Pflanzengemeinschaften auf, die mit den umliegenden Tieflandwäldern und Savannen keinerlei Aehnlichkeit hat. Den Auyan Tepui, —der bekannteste Tafelberg, an dessen Nordkante sich der Salto Angel, der höchste Wasserfall der Welt mit fast einem Kilometer (!) freiem Fall in die Tiefe stürzt,— kann man unter Führung von Indianern besteigen. Hat man einmal das Plateau erklommen, fühlt man sich in eine andere Welt versetzt. Auf jedem Schritt entdeckt man neue Wunder der Natur, Pflanzen und Moose, die man noch nie gesehen hatte, und Farne, die in der übrigen Welt nur noch als Versteinerungen vorkommen.
Der Salto Angel ist nach seinem Entdecker Jimmy Angel benannt. Ob er wirklich der erste war, steht dahin, zumindest hat er ihn in spektakulärer Weise bekannt gemacht. Jimmy war einer dieser draufgängerischen Buschpiloten, von denen man sich mehr als eine abenteuerliche Geschichte erzählt. Zumindest hat er den Wasserfall auf einem seiner Dschungelflüge, bei denen er die Gold und Diamantensucher in der Gegend versorgte, entdeckt und landete mit seiner Maschine oben auf dem Plateau. Die Wiese erwies sich zum Starten allerdings als zu sumpfig, so dass er das Flugzeug zurücklassen und den beschwerlichen Heimweg zu Fuss antreten musste. In seinem Testament hat er bestimmt, das seine Asche über dem Angel-Fall verstreut werden solle was auch geschehen ist. Urlauber auf dem Weg von Caracas nach Canaima werden am Salto Angel vorbeigeflogen. Das

Lost World and Hudson's *Green Mansions*. This is also where Marcos Vargas, hero of Rómulo Gallegos' *Canaima* struggles against the dangers of the jungle. According to Indian legends, the El Dorado treasures are to be found in Guayana. Sir Walter Raleigh was one of many who took up search for the mythical city. Although unable to find the riches he expected, he found instead an overwhelmingly beautiful scenery inspiring him to write a brilliant account of his impressions, which he turned over to Queen Elizabeth of England in place of diamonds.
The Orinoco and Guayana never failed to attract adventurers —tough men in search of apparently easy riches. They searched for diamonds in the Caroní river and in the gold-bearing sands of the Yuruari, while others tried their luck at the rubber forests of the Upper Orinoco. The impenetrable dense jungles and unnavigable torrents throughout the region made it difficult for them to strike it rich. A savage nature often triumphed over persistent prospectors and rubber workers. Few ever achieved success in their endeavors. For the Indians, it was the evil deity Canaima that frustrated their attempts.
Guayana is a landscape of plateaus and high tablelands surrounded by dense jungles and savannahs. The highest mesa is the Auyán-Tepui, some 2,580 meters above sea level. In 1937, American bush pilot Jimmy Angel landed his monoplane atop the tepui but was unable to take off again as the plane was mired in the mud. He and his companions made their way down the mesa and trekked several days through the jungle. Upon reaching civilization, he told of his discovery of the world's highest waterfall (922 meters) which has borne his name ever since. Before he died, he requested his ashes be strewn over the falls.
The flight from Caracas to Canaima passes over the falls and, until recently, the plane could be seen atop the tepui; it is now on exhibit at the Aviation Museum in Maracay.
After a two and a half hour flight from Caracas, visitors arrive at a paradise on earth. Countless waterfalls rush into a black-water lagoon edged by pink sandy beaches. Lush forests abound, filled with strikingly colorful birds, flowers and orchids. Nearby are the typically truncated tablelands set in brilliant shades of color. In such surroundings one can come to imagine the fascination the Guayana jungles held for the adventurers of yore.
Near Ciudad Guayana where the Orinoco narrows, lies Ciudad Bolívar, once the base of operations for Simón Bolívar during the War of Independence. Declared the capital of Venezuela, it was here that the Liberator wrote his famous Angostura

Al contemplar este espectáculo, el visitante
comprende la fascinación que las selvas de Guayana
han ejercido siempre sobre los aventureros de
todas las épocas.

En un estrechamiento del Orinoco, próxima a
Ciudad Guayana, está situada Ciudad Bolívar,
donde el Libertador se instaló durante las
vicisitudes de la guerra de Independencia
declarando a esta ciudad capital de Venezuela.
Aquí fue donde Simón Bolívar escribió su famoso
Discurso de Angostura, en el cual dio a conocer
sus ideas sobre la organización política
sudamericana y aquí también fue impreso el
primer periódico patriota, "El Correo del Orinoco".
Posteriormente, como un homenaje al Libertador,
la ciudad cambió su nombre por el actual.

Ciudad Bolívar es una representación del pasado
mientras que el desarrollo de Ciudad Guayana se
proyecta hacia el futuro de Venezuela.

Las antiguas arcadas de Ciudad Bolívar a orillas
del gran río son lugar de paseo para los habitantes
aferrados a la tradición en medio de los cambios
que han traído los tiempos modernos. Mientras
contemplan el Orinoco que sigue su curso
invariable hace siglos, que delimitará todavía
por mucho tiempo esa inmensa región de aventura
e incertidumbre, la legendaria Guayana
venezolana, de selvas y ríos, rememoran las viejas
historias y relatos emocionantes, como el del
brasilero Pedro Joaquín Aires, cuyo hallazgo
en 1850 desencadenó una "fiebre de oro" y la del
venezolano Lucas Fernández Peña, quien dio
origen en 1930 a la "fiebre de diamantes",
que todavía no ha cesado.

En el sur de Venezuela está el futuro económico
del país. Aquí se encuentran los tesoros que algún
día deberán sustituir a la riqueza del petróleo.
Hace ya tiempo que los gobiernos han emprendido
planes para poblar y desarrollar el sur, y se
emplean los medios modernos y la técnica para
superar las dificultades naturales que ofrece
la zona selvática.

Un "El Dorado", comparado con el cual los tesoros
legendarios de la ciudad dorada lucen pobres,
espera ser aprovechado. Los tesoros de Venezuela
en esta zona se llaman hierro, manganeso, bauxita
y fuerza hidráulica. En los últimos quince años
han adquirido más y más importancia para la
economía del país.

A pocos kilómetros del Orinoco se encuentran
varias mesetas cuyas rocas contienen hasta 64%
de hierro. Se estima que los yacimientos de hierro
rendirán 400 millones de toneladas.

En el cerro Bolívar, de color ferruginoso, grúas

Flugzeug bringt die Besucher nach zweieinhalb Flugstunden an einen idyllischen Flecken Erde: umgeben von in allen Farben schillernden Tafelbergen liegt ein Schwarzwasser-See hinter rosigfarbenem Sand. An einem Ufer ergiessen sich zahlreiche Wasserfälle, während am gegenüberliegenden Strand einfache, kleine Bungalows auf die Besucher warten.

Einen besonders nachhaltigen Eindruck von dieser Landschaft kann man auf der Strecke zwischen El Dorado und Santa Elena de Uairen bekommen. Es ist das Gebiet der Gran Sabana im äussersten Südosten von Venezuela. Bei El Dorado durchfährt man zunächst den sogenannten Saisonregenwald und man kann hier die Üppigkeit der Vegetation aus nächster Nähe bewundern.

Nach etwa hundert Kilometer Fahrt windet sich die Strasse hinauf zum Guayana-Plateau, die Wälder werden lichter und die weite Savanne gibt den Blick frei auf die mächtigen Tafelberge dieser Gegend: Sierra de Lema, Irú-Tepui, Roraima, Kukenán-Tepui, Pera-Tepui und viele andere. Besonders eindrucksvoll sind die vielen Wasserfälle, die sich während oder nach der Regenzeit in ihrer vollen Pracht zeigen: der Salto Paso el Danto, Salto Caruay, Salto El Cama und viele andere mehr, die mit ihren klaren Wassern den Reisenden unter der strahlenden Sonne Venezuelas zu einem erfrischenden Bad einladen.

In der Nähe des Orinocos liegt die wirtschaftliche Zukunft des Landes. Hier befinden sich die Schätze, die eines Tages das Erdöl als Einnahmequelle ablösen sollen. Modernste Technik wird eingesetzt, um den Schwierigkeiten des Urwaldgebietes Herr zu werden. Ein "El Dorado", das die legendären Schätze der goldenen Stadt klein erscheinen lässt, wartet hier auf seine Ausbeutung. Die neuen Schätze Venezuelas in diesem Gebiet heissen Eisen, Mangan, Bauxit und Wasserkraft. Auf dem rostfarbenen Cerro Bolívar werden riesige Kräne eingesetzt, die das Eisenerz in 50 t fassende Lastwagen füllen. Nicht alles Eisenerz geht in den Export. Ein für 400 Millionen Dollar erbautes Hüttenwerk verarbeitet beträchtliche Mengen, aus denen unter anderem Rohre für Venezuelas Erdöl-Pipelines gefertigt werden. Neben der Eisengewinnung ist das grosse Alminiumwerk in Ciudad Guayana wichtig. Seine Energie bezieht es vom (Guri) Raúl-Leoni-Stauwerk, welches die Wasserkraf des Caroní ausnutzt. Der Blick auf die Anlage dieses drittgrössten Stauwerkes der Welt ist ähnlich bewegend wie der auf die Wasserfälle des Caroní weiter flussabwärts, die im Volksmund Lloviznas (Regenspender) genannt

proclamation in which he publicized his ideas on South American political organization. It was also here that the first patriotic newspaper, "El Correo del Orinoco" was published. In honor of the Liberator, the city was subsequently named after him. Ciudad Bolívar is a remnant of the past; Ciudad Guayana, on the other hand, is a symbol of Venezuela's future development.

The ancient city arcades at the edge of the Orinoco are a favorite promenade spot for those who view the changes of our times with a critical eye. While gazing out upon the waters of the mighty river, the passersby recall exciting tales of the past such as the story of Brazilian Pedro Joaquín Peña whose discovery of 1930 started the "diamond rush" which still continues today. The Orinoco is likely to continue cutting through the lands of the legendary Guayana, a region characterized by risks and adventures, jungles and rivers.

The economic potential of Venezuela lies in the south. A wealth of natural resources is to be found here which will one day replace oil as the principal export product. Several administrations have undertaken plans to populate and develop the south by utilizing modern tools and methods for conquering the jungle environment.

A new El Dorado, much richer than its legendary counterpart, awaits to be discovered. The treasures of this region are: iron, manganese, bauxite and hydroelectric power. Over the last fifteen years, these rich natural resources have become an important part of the nation's economy.

A few miles from the Orinoco, the tablelands are rich in iron-bearing rock —some perhaps up to 64%. Iron ore deposits are estimated at 400 million tons. On the rust-colored Cerro Bolívar, huge cranes load up fifty-ton trucks with the rich iron ore. The cargo is then transported by train to the banks of the Orinoco where it is shipped by freighter. Not all the ore, however, is exported. The national steel industry uses considerable quantities for the local manufacture of pipelines, among other things. In addition to the iron mining and smelting industry, Ciudad Guayana has an important aluminum plant which obtains its electrical energy from the Caroní river, harnessed by the "Raúl Leoni" Dam at Guri. Seeing the dam, the third largest in the world, is almost as exciting as standing before the three Caroní waterfalls known as "La Llovizna" (The Drizzle). The waters fall with such force that the surrounding areas are blanketed in thick mist.

The industrial parks of Ciudad Guayana are to be found where the blue waters of the Caroní spill into the Orinoco. The jungle has been progressively felled

inmensas colman a los camiones con capacidad de 50 toneladas de mineral de hierro. Estas cargas son transportadas después, por tren, a las riberas del Orinoco y embarcadas para ultramar. Pero no todo el material de hierro es exportado.
La industria siderúrgica, utiliza cantidades considerables para la fabricación, entre otras productos de tubos para los oleoductos de Venezuela. Además de la obtención e industrialización del hierro, es de mucha importancia la fábrica de aluminio de Ciudad Guayana, la cual obtiene su energía eléctrica de la represa de Guri, llamada ahora "Raúl Leoni", la cual a su vez aprovecha la fuerza hidráulica del Caroní. La vista sobre la planta de esta represa, la tercera del mundo en tamaño, es tan emocionante como la que ofrecen los tres saltos del Caroní llamados por el pueblo "La Llovizna". Las aguas caen con tanta fuerza, que sus inmediaciones se hallan siempre envueltas en una densa neblina.
Donde las azules aguas del Caroní desembocan en el Orinoco, están las zonas industriales de Ciudad Guayana. Aquí se ha venido deforestando la selva para dar lugar a una ciudad creciente que tendrá una importancia decisiva para el futuro económico de Venezuela. Esta empresa pionera de técnicas modernas y desarrollo económico se expande en una zona rodeada por densas selvas, cuyas riquezas están siendo conquistadas por el hombre.
Entre la ciudad de San Fernando de Apure, y uno de los afluentes más largos del Orinoco, el Apure, en el sur, y San Juan de los Morros en los ramales de la Cordillera de la Costa en el norte, se extienden los Llanos, las pampas venezolanas. Las vastas extensiones de los Llanos que parecen ser infinitas, solamente pueden compararse con las extensiones selváticsa de la Guayana. "En la estación de las lluvias, un mar de hierba" escribió Alejandro de Humboldt. Pero durante la sequía el paisaje reseco luce marrón-gris con áreas negras debido a los grandes incendios de los pastizales. Todavía hoy las quemas son producdias por el hombre siguiendo la creencia tradicional de que la ceniza fertiliza el suelo y para que, al caer las primeras lluvias, crezca rápidamente pasto nuevo, que provee de alimento al ganado que al final de la estación seca suele estar hambriento. La principal fuente de ingreso de los llaneros, los habitantes de los llanos, ha sido siempre la ganadería. Pero desde que se inició la reforma agraria, el gobierno viene fomentando el cultivo de tabaco y también ha construido sistemas de regadío que posibilitan la siembra de arroz. Pero en toda su inmensidad no ha cambiado mucho la tradición llanera.

werden. Sie prallen mit einer derartigen Wucht auf, dass die ganze nähere Umgebung in dichten Dunst gehüllt ist. Wo der blaue Caroní in den Orinoco mündet, liegen die Industriegebiete von Ciudad Guayana. Hier wird der Urwald gerodet, und eine Stadt ist im entstehen, die für die wirtschaftliche Zukunft Venezuelas bedeutend sein wird. Diese Pionierarbeit moderner Technik und wirtschaftlicher Disposition spielt sich in einem von Urwald eingeschlossenen Gebiet ab.

An einer Flussenge des Orinoco, unweit von Ciudad Guayana, liegt Ciudad Bolívar, das frühere Angostura. Es bekam den neuen Namen, als Simón Bolívar in den Wirren des Krieges hier seine Zuflucht fand und die Stadt vorübergehend zur Hauptstadt Venezuelas ernannte. Ciudad Bolívar wird in wirtschaflicher Bedeutung immer mehr von Ciudad Guayana überflügelt. Während die eine Stadt für das Venezuela von morgen als beispielhaft gelten soll, repräsentiert die andere die Vergangenheit. In den Kolonnaden von Ciudad Bolívar an den Ufern des grossen Stroms spazieren die Einwohner der Stadt, die nicht immer von den zeitbedingten Veränderungen begeistert sind, und während sie auf den schon seit Jahrtausenden unverändert fliessenden Orinoco schauen, der noch lange ein Gebiet der Abenteuer und Ungewissheiten abgrenzen wird, erzählen sie ihre alten überlieferten Geschichten. So über den Brasilianer Pedro Joaquín Aires, dessen Goldfund im Jahre 1850 einen Goldrausch auslöste. Oder die von Lucas Fernández Peña, durch den das bis heute noch nicht ganz abgeklungene Diamantenfieber im Jahre 1930 einsetzte.

Zwischen San Fernando de Apure und einem der längsten Nebenflüsse des Orinoco, dem Apure, im Süden und San Juan de Los Morros in den Ausläufern der Küstenkordillere im Norden, liegen die Llanos, die venezolanische Steppe. "Zur Regenzeit ein Meer aus Gras", so schrieb Alexander von Humboldt. In der Trockenzeit aber flimmert die ausgedörrte Landschaft graubraun und manchmal hinterlassen die umfangreichen Steppenbrände weite schwarze Flächen. Die meist von Menschenhand gelegten Brände beruhen auf dem seit Generationen verbreiteten Glauben, die Asche würde das Land fruchtbarer machen.

Die Haupterwerbsquelle der Llaneros, der Bewohner dieser Savannen, ist seit jeher die Viehwirtschaft. Doch die Regierung ist seit der Agrar-Reform bemüht hier Tabak und Erdnüsse anzubauen und hat Staudämme errichten lassen, die den Anbau von Reis ermöglichen.

so as to make room for a city growing in economic importance. This pioneer work of modern techniques and economic development progresses onward in an area surrounded by dense jungles whose wealth is being exploited by man.

The Llanos or Venezuelan plains, lie between the city of San Fernando de Apure and the longest tributary of the Orinoco, the Apure, to the south, and to the north, San Juan de los Morros at the foothills of the Coastal Cordillera. The seemingly endless expanse of the Llanos can only be likened to the Guayana jungles. Alexander von Humboldt called it, "a sea of grass in the rainy season". During the dry season the parched landscape turns a grey-brown with black patches carved out by frequent pasture fires.

The traditional custom of burning the grasses continues in the belief that the ashes fertilize the soil and the new cattle-grazing pastures will grow faster after the first rains. Livestock farming has always been the economic mainstay of the plainsmen. Yet, ever since agrarian reform has been introduced, the government has been trying to promote the cultivation of tobacco and even rice, by constructing elaborate irrigation systems.

Overall, the Llanos traditions have changed but little. Life on the plains is hard work, especially during the rainy season when the herds must be rounded up, the calves branded and the beef cattle herded off to the slaughterhouses. Rest only comes after the work has been finished and the horses have been wiped down and led to pasture.

As night falls the men gather around their cottages to discuss the day's events. Perhaps a young bull has attacked a horse, injuring both rider and mount. Or maybe another rider had to dodge a bull while it was being roped. The women prepare a fire and the air is filled with the enticing aroma of roast calf, which will later be served with "guasacaca", a spicy avocado sauce.

Everyone gathers round the fire to eat. The men are famished, having had nothing else than a breakfast in the early morning. After the meal, a harp, cuatro (four-string guitar) and percussion instruments play the traditional "Joropo" music, now popular throughout Venezuela. Perhaps someone will sing an impromptu verse or two, typically characteristic of the lively and communicative nature of the people, or perhaps someone will get up and dance the traditional steps to the music.

Such spontaneous verses usually portray the singers themselves. Here we have a mixture of the gaiety of Andalusia, the fatalism of the oppressed African slave and the latent protest of the native Indian.

La labor del llanero es dura, especialmente en la estación de las lluvias, cuando se realiza el rodeo. Es entonces cuando se hierran los animales jóvenes y se separan los destinados al matadero. Al terminar la faena, después de bañar los caballos y de llevarlos a pastar, es la hora del descanso.
Al caer la noche los hombres se reúnen ante sus cabañas y relatan los acontecimientos del día. Sucede que un toro joven ataca a un jinete y hiere con sus cuernos al caballo y al llanero. Otro comenta cómo tuvo que esquivar el toro, otro cómo pudo alcanzarlo con el lazo. Las mujeres han prendido ya un fuego y de la parrilla surge el olor estimulante de la ternera cuya carne se sazona con guasacaca, salsa preparada con aguacate, ají y ajo. Todos se sientan junto al fuego y empiezan a comer.
El apetito es grande, ya que, fuera del desayuno, temprano en la mañana, los hombres no han comido nada. Después de la cena hay música. Un arpa, un cuatro e instrumentos de percusión tocan un joropo, baile típico, que goza de mucha popularidad en toda Venezuela. También cantan la "copla". En estos cantos improvisados se expresa el carácter vivaz y comunicativo del llanero.
Los versos de la copla se parecen a sus cantores: una mezcla de la alegría del andaluz, del fatalismo del esclavo africano sometido y de la protesta latente del indio.

Trotzdem hat sich in den Llanos nicht viel
verändert.

Die Arbeit der Llaneros ist besonders hart gegen
Ende der Regenzeit. Früh am Morgen verlassen
sie die Hütten und treiben die ziemlich wilden, weit
verstreut grasenden Tiere zu einer grossen Herde
zusammen. Es bedarf der ganzen Geschicklichkeit
der Männer auf ihren schnellen Pferden, die
Tiere mit beruhigendem Singsang in die Gatter
zu treiben.

Nach getaner Arbeit werden die Pferde gewaschen
und auf die Weideplätze geführt, und allmählich
beginnt der Feierabend vor den Hütten der
Haciendas. Die Männer versammeln sich bei
Einbruch der Nacht und berichten über die Vorfälle
des Tages. Es wird ausführlich kommentiert,
wenn einer einem wilden Stier ausweichen oder
ein anderes Tier mit dem Lasso gebändigt werden
musste. Man versammelt sich auf einem Platz, wo
die Frauen schon ein Feuer angezündet haben, und
vom Grill steigt der anregende Duft des schmorenden
Rinderbratens auf. Die Männer sind hungrig, denn
ausser einer Tasse Kaffee am Morgen haben sie
nichts mehr zu sich genommen. Nach dem Essen
wird Musik gemacht. Mit Harfe, Marracas und
Cuatro spielen sie zum Joropo auf, einem hier
beheimateten Tanz, der inzwischen in ganz
Venezuela an Beliebheit gewonnen hat. Oder die
Männer singen die "Copla".

Die oft improvisierten Verse der Copla sind wie ihre
Sänger: eine Mischung aus der Heiterkeit des
Andalusiers, dem Fatalismus des unterworfenen
afrikanischen Sklaven und dem schwelenden Protest
der Indianer.

De las nieves perpetuas al sol

Al suroeste de Barquisimeto, ciudad musical y de rico folklore, así como la más conocida por los habitantes del alto llano, se elevan los Andes venezolanos. Sus picos cubiertos de nieves perpetuas alcanzan hasta altitudes de 5.000 metros, en cuyas faldas se observan grandes glaciares y se han formado numerosas lagunas. Por debajo del nivel de las nieves eternas está la zona de los páramos, cuya belleza reside en la repetición de un motivo sólo en apariencia siempre igual: el frailejón, planta verde claro con flores amarillas que caracterizan el paisaje y el rojo de las flores del chispeador que se van perdiendo entre colinas. Más abajo, a 3.000 metros de altitud, los cultivos de trigo y de papas enmarcan a las pequeñas aldeas campesinas, situadas por lo general a orillas de riachuelos de aguas cristalinas. Los campos pedregosos están situados sobre declives escarpados. El carácter de los habitantes de estas montañas está moldeado por estas duras condiciones de vida. La ciudad de Mérida, rodeada por las dos Cordilleras más elevadas de los Andes venezolanos, está situada sobre una mesa de 1.625 metros de altitud que dos ríos caudalosos formaron. Tiene unos 100.000 habitantes y constituye una de las ciudades más importantes de los Andes, a pesar de estar aislada del movimiento central de la economía venezolana. En el corazón de la ciudad vieja se encuentra la Catedral, reconstruida después de haber sido destruida por un terremoto.

Por ser la sede de la Universidad de los Andes, Mérida también es una ciudad de población joven. En sus numerosos y frescos parques, hallan los estudiantes tranquilidad para el estudio.

La ciudad es base del teléferico más alto del mundo, con 12 km. de recorrido, que va hasta la cumbre del Pico Espejo a 4.765 m. de altura. Cuando el tiempo está despejado, desde cualquier punto de la ciudad se puede ver el Pico Bolívar, que con sus 5.007 metros de altura es la montaña más alta de los Andes venezolanos.

Para viajar de Mérida a Maracaibo hay que atravesar el Páramo de Mucuchíes, de unos 4.000 metros de altitud, uno de los pasajes más altos, en ocasiones cubierto de nieve, de la carretera panamericana. Desde aquí, pocas horas en automóvil conducen al Lago de Maracaibo, en donde su intenso calor (temperatura anual media de 28° C) contrasta con el clima agradable y fresco de los Andes. Debajo de sus 13.000 kilómetros cuadrados de superficie se encuentran los yacimientos de petróleo más explotados de Venezuela.

Vom ewigen Schnee, zur Sonne

Perpetual Snows to Sun drenched Shores

Westlich von Barquisimeto, einer Stadt der Musik und Folklore, der bekanntesten Stadt der hohen Llanos, erheben sich wie eine Mauer die venezolanischen Anden. Unter ewigem Schnee liegen die 5000 m hohen Berggipfel, darunter gewaltige Gletscher und unzählige Lagunen, von denen viele kaum bekannt sind. Unterhalb der Sierra Nevada liegen die Páramos, tropische Hochgebirgsformen, die zwischen 3000 und 4800 m Höhe liegen. Hier hat sich die Vegetation rauhen klimatischen Bedingungen und krassen Temperaturschwankungen anpassen müssen. Die gelbblühenden Frailejones und die roten Blüten der "Spanischen Fahne" geben den Páramos ihr charakteristiches Aussehen.
In den Höhenlagen unter 3.000 m liegen Kartoffelkulturen und Weizenfelder, die die kleinen, bunten Bauerndörfer umschliessen, welche meistens an einem kristallklaren Gebirgsbach liegen.
Die steinigen Felder der Andinos liegen an steilen Berghängen und sind wenig ertragreich. Das karge Brot dieser harten Lebensbedingungen hat den Charakter dieser Menschen geprägt.
Mérida, umgeben von den beiden höchsten Bergketten der venezolanischen Anden, liegt auf einem 1625 m hohen, durch zwei reissende Ströme entstandenen Tafelberg. Die Stadt mit ihren 80.000 Einwohnern ist eine der wichtigsten Städte der Anden. In der Nähe der Kathedrale, die nach der Zerstörung originalgetreu wieder aufgebaut wurde, befindet sich der Markt, auf dem lebhaft Handel getrieben wird. Das Bild wird von den filzbehüteten Bauern in ihren typischen weissen Anzügen und den Frauen im bunten Poncho, über dem der dicke Zopf baumelt, bestimmt. Hier wird Kaffee aus dem Chama-Tal verkauft, Kakao, Zuckerrohr, Kartoffeln, Radieschen und der Mais von den höher gelegenen Feldern. Bei klarem Wetter kann man von jedem Punkt der Stadt den höchsten Berg der venezolanischen Anden sehen, den 5007 m hohen Pico Bolívar.
Von Mérida nach Maracaibo fährt man über den in 4000 m Höhe liegenden Pass Páramo de Mucuchíes, eine der höchsten, im Winter manchmal verschneiten,Pässe der panamerikanischen Traumstrasse. Von dort sind es nur noch wenige Autostunden bis zum Maracaibo-See, wo einem die berüchtigte Hitze (Jahrersdurchschnittstemperatur von 28° C) entgegenschlägt, die dem aus dem angenehm temperierten Klima der Anden kommenden Reisenden zunächst unerträglich erscheint. Unter dem 13.000 qkm grossen See befinden sich die grössten Erdölvorkommen Venezuelas. Der Maracaibo-See ist die Geburtsstätte

The towering Andean mountains lie just southwest of Barquisimeto, a city rich in music and folklore and the most well-known city throughout the Llano Alto.
The perpetually snow-capped Andean peaks rise up to 5,000 meters, surrounded by numerous glaciers which have carved out lagoons in their wake. Just below the snowy peaks are the regions known as "paramos", whose beauty is found in the repetition of a single motif: the "frailejón" (espeletia), a pale green plant with yellow flowers is set among the bright red "chispeador" dwarf shrub. Further down at 3,000 meters, wheat and potato fields are patched out among the rural villages situated on the banks of crystal-clear streams. These rocky fields lie on rugged escarpments. The character of the Andean inhabitant has been molded by these difficult living conditions.
The city of Mérida, bordered by the two highest mountain chains of the Venezuelan Andes, is set atop a 1,625 meter plateau cut out by two rapidly flowing rivers. With a population of 100,000, this is the most important city in the Andes in spite of its almost virtual isolation from the rest of the nation's economy. The cathedral, rebuilt after destruction by an earthquake, is located in the heart of the old city. The liveliness of the Mérida market place is characterized by felt-hatted farmers and women in brightly-colored ponchos, their long thick braids hanging down their backs. Typical products sold are: coffee from the Chama valley, cacao, sugar cane, potatoes, radishes and maize from other areas. Being the seat of the University of the Andes, Merida has a young population. Students seek out tranquil oases for studying among the many parks. Mérida is home to the world's tallest cable car. The twelve-kilometer trip up the mountain stops at Pico Espejo at 4,765 meters. On a clear day, the snow-crowned Pico Bolívar, highest peak of the Venezuelan Andes (5,007 meters) can be seen from anywhere in the city.
The Pan American Highway which connects Mérida and Maracaibo through the Mucuchíes Páramo, is often covered with snow as the road reaches an altitude of 4,000 meters. From here it is only a few hours drive to Lake Maracaibo where the temperature, unlike the cool air of the Andes, becomes unbearably hot (the average annual temperature is 28°). The most exploited oil deposits are found under the 13,000 square kilometers of the lake's surface.
Lake Maracaibo is the mainstay of modern Venezuela, since its oil has been a determining factor in the nation's economic development. A poor country

El Lago de Maracaibo es como el sustrato de la
Venezuela moderna, pues su petróleo ha sido factor
decisivo en el progreso de la economía del país.
El 14 de diciembre de 1922 la compañía Royal-
Dutch-Shell halló petróleo a una profundidad de
1.500 pies en Los Barrosos. La torre de taladro fue
lanzada al aire a 200 pies por la inmensa presión
del petróleo. Poco después el pozo rendía 100.000
barriles diarios de petróleo y dio comienzo un
verdadero boom. Las compañías levantaron torres
de perforación en el lago que caracterizan hasta
hoy su paisaje. La Creole Petroleum Corporation,
hija de la Standard Oil de Nueva Jersey, invirtió
3 mil millones de dólares. Constituyó la compañía
petrolera más grande de Venezuela y era la filial
norteamericana más grande fuera de los Estados
Unidos. El petróleo y sus derivados constituyen
desde hace años el 86-95% de las exportaciones,
de donde proviene el 90% de los ingresos de divisas
y más del 60% de los ingresos nacionales.
El 28 de Julio de 1975, Venezuela nacionalizó la
industria petrolera, haciéndose cargo de la extracción,
refinamiento y comercialización mientras que,
la faja petrolera del Orinoco, con sus inmensas
reservas de crudos pesados, permite a Venezuela ver
confiadamente su futuro de país petrolero.
En la confluencia del Lago de Maracaibo con el
Golfo de Venezuela está situada Maracaibo,
segunda ciudad en importancia del país, fundada
en el año 1529. En los últimos años la capital del
Estado Zulia, una de las ciudades más calurosas
del país, se ha convertido en una ciudad moderna.
Sucursales de todas las compañías importantes del
mundo tienen su sede allí en edificios modernos.
El contraste entre estas edificaciones de vidrio y
concreto y los palafitos en que viven todavía los indios
paraujanos a las orillas del Lago de Maracaibo es algo
singular. Estos palafitos dieron origen en 1499
al nombre de Venezuela, pequeña Venecia.
Las mujeres indígenas visten batas largas, anchas
y coloridas que hacen soportar al calor. Con este
traje pintoresco calzan sandalias provistas de
pompones de diferentes colores. Muy distintos de
los indios Guajiros y Paraujanos que supieron
adaptarse a la civilización, son los motilones que aún
viven, según sus propias costumbres tribales, en
las vertientes de la Sierra de Perijá.
Para llegar desde Maracaibo a la bella costa
occidental, se sale de la ciudad por el puente a
Santa Rita, de 8.687 metros de longitud y 18 metros
de anchura, tendido a 45 metros de altura sobre el
Lago. Esta construcción impresionante recuerda
una vez más al viajero el progreso económico de
Maracaibo y la riqueza producida por el petróleo.

des modernen Venezuelas. Das Erdöl hat in den letzten fünfzig Jahren entscheidend den Aufstieg der Wirtschaft des Landes geprägt. Es machte Venezuela über Nacht zu einem reichen Land und nach USA und der Sowjetunion zu einem der bedeutensten Erdölproduzenten der Welt. Am 14. Dezember 1922 stiess die Royal-Dutch-Shell nach einer 500 Meter tiefen Bohrung bei Los Barrocos auf Oel.

Der Bohrturm wurde von dem mächtigen Erdöldruck 70 Meter hoch in die Luft gejagt. Bereits nach einigen Tagen werden hier täglich 100.000 Barrel Oel gefördet und ein regelrechter Erdöl-Boom setzte ein. Erdölgesellschaften errichteten im See die Bohrtürme, die bis heute das Bild der Landschaft bestimmen. Die Creole-Petroleum-Gesellschaft, Tochtergesellschaft der Standard-Oil of New Jersey, investierte drei Milliarden Dolar und wurde so zum grössten nordamerikanische Zweigunternehmen ausserhalb der USA. Unter den veränderten weltpolitischen Bedingungen wurde am 28. Juli 1975 die Erdölindustrie Venezuelas verstaatlicht.

Am Zugang des Maracaibo-Sees zum karibischem Meer liegt die 1529 gegründete, heute zweitgrösste Stadt Venezuelas, Maracaibo. Zweigstellen aller bedeutenden Weltfirmen haben in modernen Hochhäusern ihre Niederlassungen. Das Glas und der Beton dieser monumentalen Bauten mutet seltsam an, wenn man davor die Paraujanos-Indianer sieht, die nach wie vor in Pfahlbauten am Rand des Maracaibo-Sees leben. Dem Spanier Alonso de Ojeda drängte sich der Vergleich mit Venedig auf, als er im Jahre 1499 die Pfahlbautendörfer der Eingeborenen am Maracaibo-See, deren Wasserstrassen mit Einbäumen befahren wurden, entdeckte. Er nannte das Gebiet Klein-Venedig, woraus dann später Venezuela geworden ist.

Um von Maracaibo an die schönen Strände von Falcon zu kommen, verlässt man die Stadt über die 8.678 m lange und 18 m breite Betonbrücke General "Rafael Urdaneta" nach Santa Rita, die sich in 45 m Höhe über den See spannt. Dieses beeindruckende Bauwerk führt dem Durchreisenden noch einmal den wirtschaftlichen Aufschwung Maracaibos und den durch das Erdöl entstandenen Reichtum Venezuelas vor Augen.

Auf dem Weg nach Caracas befinden sich viele schöne Buchten wie die bei Chichiriviche und Cata; die sonnigen Badestrände erstrecken sich von Coro bis La Guaira. Das Landesinnere aber ist

became rich and prosperous almost overnight. Venezuela was the third most important oil producer in the world, after the United States and the Soviet Union. On December 14, 1922, Royal Dutch Shell struck oil at 1,500 feet in the Los Barrosos concession. The derrick was thrown 200 feet into the air by the enormous pressure released by the oil. A short time later, the well was producing 100,000 barrels per day, and thus began the oil boom. Petroleum companies began erecting oil derricks all over the lake and these are now a standard part of the landscape. The Creole Petroleum Corporation, a subsidiary of Standard Oil of New Jersey, invested three billion dollars in the project to become one of Venezuela's largest oil companies and largest U.S. affiliate abroad. For some years now, oil and oil byproducts account for 86 to 95 percent of exports, making up 90 percent of foreign earnings and 60 percent of domestic earnings. On July 28, 1975, Venezuela nationalized its oil industry and took control of the extraction, refining and marketing of this natural resource. The Orinoco oil belt has enough heavy oil reserves to allow Venezuela a promising future as an oil producer.

Founded in 1529, Maracaibo, the nation's second largest city, is located on Lake Maracaibo at the Gulf of Venezuela. The capital of the state of Zulia, known for its hot climate, has gradually become a modern city. Branches of the world's top corporations have opened offices in modern downtown skyscrapers. A veritable contrast exists between the glass and concrete office buildings and the Paraujano Indian lake dwellings built on piles at the edge of the lake. It was these same palafittes which gave Venezuela its name in 1499 when the discoverers were reminded of a little Venice.

The Indian women wear long, colorful, loose-fitting dresses which keep them cool amidst the heat, and their sandals are decorated with multi-colored pompoms. While the Guajiro and Paraujano Indians adapted to modern civilization, the Motilóns, by contrast, still maintain their tribal customs in their villages built on the slopes of the Perijá Sierra.

To travel to the beautiful western shores of Venezuela, one must cross over to Santa Rita by the 8,687-meter long and eighteen-meter wide pre-stressed concrete bridge which is 45 meters above the water. This spectacular bridge is testimony to Maracaibo's economic progress—thanks to its oil wealth.

The northwest coastline is dotted with lovely bays such as Chichiriviche and Cata. These sun-drenched beaches stretch from Coro to La Guaira. Nevertheless, the vegetation of this region has become xerophitic

La costa noroccidental posee muchas bellas bahías
como la de Chichiriviche y la de Cata; las playas
soleadas se extienden de Coro hasta La Guaira.
No obstante, esta región está cubierta principalmente
de vegetación xerófila, respuesta que dio la
naturaleza a siglos de irracional devastación
humana: aquí se ha talado, sin conciencia, regiones
enteras se quemaron y las manadas de chivos
devoraron el arbolado joven.
Coro es la ciudad más antigua del occidente del país.
Las viejas edificaciones de la zona colonial, que
están bajo protección oficial, constituyen la mejor
muestra de la arquitectura de esa época.
La península de Paraguaná que se interna en el
mar Caribe al norte de Coro está dominada por los
médanos, las dunas movedizas formadas por los
vientos alisios, los "vientos de la buena esperanza",
que llevaban seguros a los barcos de vela hacia las
costas occidentales de Venezuela.
Casi el 70% de los 16 millones de habitantes de
Venezuela vive en la zona costanera y en los valles
de la Cordillera de la Costa. Aunque en la vida en el
interior hubo cambios importantes en los últimos
años, los acontecimientos principales se siguen
desarrollando en el norte. La región noroeste entre
Puerto Cabello y Caracas, donde vive casi la mitad
de los venezolanos, es de importancia histórica y
juega un papel decisivo en la industrialización
moderna y la agricultura. Puerto Cabello es uno
de los puertos más importantes de Venezuela.
En esta ciudad se encuentra el Castillo Libertador,
donde en 1823, se rindió a los patriotas la última
guarnición española en Venezuela.
Un poco más al sur se llega a Valencia, la ciudad
más industrializada de Venezuela, situada a orillas
del Lago del mismo nombre. Al comienzo de estas
llanuras, se encuentra el monumento de Carabobo
erigido en memoria de la batalla del mismo nombre
que, bajo el mando de Bolívar, decidió el triunfo
definitivo de los patriotas en 1821.
Con sus campos de caña de azúcar sin fin, el
Valle de Aragua constituye una de las regiones
más fértiles de Venezuela. Aquí se encuentra en
una ladera de la cordillera el Museo de San Mateo
ocupando las zonas restauradas de las ruinas de la
antigua casa de hacienda de la familia Bolívar,
donde el joven oficial neogranadino Antonio Ricaurte
se sacrificó al hacer volar el arsenal patriota para
que no cayese en poder de los realistas.
Desde San Mateo, se contempla el precioso
panorama del valle, con sus plantaciones de caña
de azúcar atravesadas por espléndidas alamedas
de palmas-reales y en la lejanía se divisa la
moderna autopista que conduce a Caracas.

vorwiegend von ausgedörrten Kakteensteppen überzogen, sie sind die Antwort der Natur auf durch Jahrhunderte wütende menschliche Unvernunft: hier wurde planlos gerodet, ganze Gebiete wurden niedergebrannt, und Ziegen frassen die jungen, nachwachsenden Baumbestände ab. Coro ist die älteste Stadt im Westen des Landes. Die Bauten in der unter Denkmalschutz stehenden Kolonialzone sind das beste Beispiel kolonialzeitlichen Bauens in Venezuela. Die Coro vorgelagerte Landzunge Paraguaná wird von den Médanos beherrscht, den Wanderdünen, die von den Passatwinden —den "Winden der guten Hoffnung", welche die Segler sicher zu den Westküsten Venezuelas brachten— geformt sind. Fast 70% der 16 Millionen Einwohner Venezuelas leben in den Küstengebieten und in den Tälern der Küstenkordillere. Das Leben im Landesinnern hat zwar in den letzten Jahren Starke Veränderungen erfahren, aber das Hauptgeschehen spielt sich weiterhin im Norden ab. Das Gebiet im Nordwesten zwischen Puerto Cabello und Caracas, wo fast die Hälfte aller Venezolaner leben, ist historisch bedeutend und spielt in der Entwicklung der modernen Industrie und Landwirtschaft eine entscheidende Rolle. Puerto Cabello hat einen der wichtigsten Häfen Venezuelas. In dieser Stadt finden wir das Castillo Libertador, wo der junge Simón Bolívar als unerfahrener Offizier dem General Miranda die Kapitulation der Stadt melden musste, was gleichzeitig das Ende der ersten Republik bedeutete. Etwas weiter südlich kommen wir in die am stärksten industrialisierte Region Venezuelas, zwischen Valencia und Maracay. Hier beginnen die Ebenen von Carabobo mit dem Simón-Bolívar-Gedenkpark. Nach mehreren siegreichen Kämpfen konnte Bolívar hier mit seinen Truppen im Jahre 1821 die Spanier vernichtend schlagen. Das Tal von Aragua mit seinen endlosen Zuckerrohrfeldern ist eines der fruchtbarsten Gebiete Venezuelas. Hier steht an einem Berghang das Museum San Mateo mit den Ruinen des früheren Hacienda-Hauses der Familie Bolívar, wo sich der junge Kolumbianer Antonio Ricaurte mit einem Waffenarsenal in die Luft sprengte, damit es nicht in Hände der Royalisten falle. Von San Mateo geniesst man einen grossartigen Blick auf das Tal, die Zuckerrohrfelder sind von einer prächtigen Königspalmenallee durchkreuzt und in der Ferne blinkt die grosse, moderne Autobahn, die nach Caracas führt.

as a result of man's irrational destruction over many centuries. Trees have been felled and entire regions set afire. New growth was subsequently devoured by flocks of goats. Sixteenth century chronicles relate that the jungle foliage was so dense here that the Welser expedition —German conquerors who explored western Venezuela— was not able to see the sun for eight days and their horses would sink into the swampy soil. Coro is the oldest city in western Venezuela and the buildings in the colonial section have been preserved as national memorials of the finest example of period architecture. The Isthmus of Paraguaná Peninsula, which juts out into the Caribbean waters to the north of Coro, is covered by sand dunes deposited by the trade winds or "winds of good hope" which safely guided the sailing ships to Venezuela's western shores. Nearly seventy percent of Venezuela's sixteen million inhabitants live in coastal areas and the valleys of the coastal cordillera. Life in the interior has undergone significant changes in recent years but the most important centers of development are still in the north. The northwest region between Puerto Cabello and Caracas, where nearly half the country's population lives, is important historically and it plays an important role in the nation's industrial and agricultural development as well. Among this important national port's most interesting sites is the Castillo Libertador, a Republican arsenal retaken by the Spanish Royalists. Just south of here and set on the shores of a lake is Valencia, the nation's most industrialized city. Here where the plains begin, a monument has been erected in memory of the Battle of Carabobo in which Bolívar led the patriots to victory over the Royalist troops in 1821. East of Valencia is the small yet industrial city of Maracay, known for its many parks and gardens. This was dictator Vicente Gómez's favorite retreat. One of Venezuela's most fertile regions is the Valley of Aragua where fields of sugar cane stretch on endlessly. Perched on the mountain slope is the Colonial Museum of San Mateo, which has been constructed on top of the ruins of the former plantation house belonging to the Bolívar family. It was here that the young patriot officer Antonio Ricaurte exploded a weapons arsenal rather than surrender to the royalist troops. San Mateo commands a magnificent view of the valley, dotted with sugar-cane plantations intersected by royal palm alamedas. In the distance the modern Caracas-Valencia tollroad can be seen.

Vuelta a la Patria

De pronto, al descender de una
                    [hondonada,
"¡Caracas!, ¡allí está!", dice el
                    [auriga,
y súbito el espíritu despierta
ante la dicha cierta
de ver mi tierra amiga.
Caracas allí está; sus techos rojos,
su blanca torre, sus azules lomas
y sus bandas de tímidas palomas
¡hacen nublar de lágrimas mis
                    [ojos!
Caracas allí está; vedla tendida
a las faldas del Avila empinado,
odalisca rendida
a los pies del sultán enamorado.
Hay fiesta en el espacio y la
                    [campaña,
fiesta de paz y amores.

J. A. Pérez Bonalde (1846-1892)

Rückehr in die Heimat

Plötzlich, beim herabfahren einer
                    [Schlucht,
"Caracas!, da ist sie!" ruft der
                    [Postellion,
und schlagartig erwacht meine
                    [Seele
vor diesem wahren Glück
die Sicht auf die heimatliche Erde.
Caracas, da ist sie; ihre roten
                    [Dächer,
ihr weisser Turm, ihre blauen
                    Hügel
und ihre Scharen furchtsamer
                    [Tauben
bewölken meine Augen mit
                    [Tränen!
Caracas da ist sie; seht sie liegen
am Hang des stolzen Avilas,
ergebene Odaliske
zu Füssen des verliebten Sultans.
Ein Fest im Raum und im Freien,
Ein Fest voller Frieden und Liebe.

J. A. Pérez Bonalde (1846-1892)

Back in my native Land

Suddenly, descending the dale,
"Caracas!, there she is!", cries the
                    [charioteer,
and promptly my spirit awakens
faced with the fortune
of seeing my native land.
Caracas there she is; her red roofs,
her white tower, her blue hills
and her flock of shy doves
cloud my eyes with tears!
Caracas there she is; see her lying
at the slope of the lofty Avila,
devote odaliske
at the feet of her loving sultan.
A feast above and in the fields,
a feast of love and peace.

J. A. Pérez Bonalde (1846-1892)

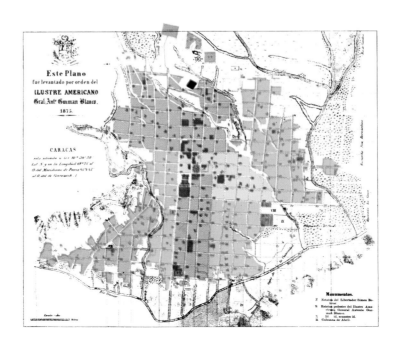

Construido en 1874 por el presidente
Guzmán Blanco el Capitolio Nacional es
la sede del Congreso. Su Cúpula dorada
fue traída de Bélgica en 1890 y presenta
en su parte interior, escenas de la
Batalla de Carabobo del pintor Martín
Tovar y Tovar.

La Casa Natal de Simón Bolívar es una
de las pocas que se conservan del siglo
XVII y es en la actualidad un museo
en donde se exhiben cuadros y objetos
de la época colonial.

Capitolio Nacional, Sitz des Kongresses.
Erbaut 1874 von Präsident Guzmán
Blanco. Die goldene Kuppel wurde 1890
aus Belgien importiert. Die Innenseite
ist geschmückt mit Szenen der Schlacht
von Carabobo des Malers Martín Tovar y
Tovar.

Geburtshaus von Simón Bolívar; eines
der wenigen erhaltenen Kolonialhäuser
aus dem 18. Jahrhundert. Es ist heute
ein Museum, das Gemälde und
Gegenstände aus der Geschichte
Venezuelas zeigt.

Built in 1874 under President Guzmán
Blanco, The National Capitol is seat of
the Congress. Its golden dome was
brought from Belgium in 1890 and its
interior was painted with scenes from
the Battle of Carabobo by Martín Tovar
y Tovar.

The birthplace of Simón Bolívar is one
of the few seventeenth century
buildings preserved today. It now houses
a museum of colonial art and furniture.

Lugar de descanso actual de los restos de los padres de Simón Bolívar, la primera Catedral de Caracas fue construida en 1594 y fue varias veces destruida por terremotos. Destacan, entre sus obras de arte, un cuadro de Rubens y "La última Cena" del venezolano Arturo Michelena.

La Iglesia de Petare, construida en 1760, es uno de los mejores ejemplos de la arquitectura colonial religiosa de Caracas.

Die 1594 erstmals erbaute Kathedrale von Caracas, letzte Ruhestätte der Eltern Simón Bolívars, wurde durch Erdbeben mehrmals zerstört. Sie beherbergt zahlreiche Kunstwerke, unteranderem Gemälde von Rubens und das "Unvollendete Abendmahl" des Venezolaners Arturo Michelena.

Die 1760 erbaute Kirche in Petare ist eines der bedeutensten Beispiele der Kolonialarchitektur in Caracas.

The final resting place for Simón Bolívar's parents is in the Caracas Cathedral, built in 1594. The cathedral was destroyed several times by earthquakes. Among noteworthy works of art are a Rubens painting and Arturo Michelena's "The Last Supper".

The Petare Church, constructed in 1760, is one of the most architecturally important colonial churches in Caracas.

No lejos del barrio tradicional de
La Pastora se encuentran Las Torres,
testigos de la expansión de los años
cincuenta y que por mucho tiempo fueron
símbolo del auge económico venezolano.

Nicht weit von La Pastora, einem alten
kleinstädtischen Viertel aus der
Jahrhundertwende, befinden sich die
Zwillingstürme. Sie sind Zeugen des
Baubooms der fünfziger Jahre.

Not far from the traditional parish of
La Pastora loom the Twin Towers of the
Centro Simón Bolívar, landmark of the
fifties and for a long time, symbol of
Venezuelan economic progress.

El moderno Boulevard peatonal de Sabana Grande, en el este de Caracas, se encuentra bordeado por centros comerciales, café y restaurantes.

Die moderne Fussgängerzone "Sabana Grande", im Herzen von Caracas, mit Einkaufszentren, Cafés und Restaurants.

The modern pedestrian Boulevard of Sabana Grande, in east Caracas, is lined with shops, outdoor cafes and restaurants.

La estatua del Libertador, inaugurada en 1874, preside sobre la Plaza Bolívar que ha constituido, en su historia cuatricentenaria, el punto central de la vida de la ciudad. Ha sido mercado, plaza de toros, foro político y escenario de desfiles militares.

Die Plaza Bolívar ist nach wie vor Mittelpunkt der Stadt. In ihrer vierhundertjährigen Geschichte war sie Marktplatz, Stierkampfarena, politisches Forum und Paradeplatz. Das Reiterdenkmal stammt aus dem Jahre 1874.

The equestrain statue of The Libertador, inaugurated in 1874, reigns over the Plaza Bolívar, the hub of Caracas life. Over the last 400 years, it has been a market place, bullring, political forum and military parade square.

Comenzado en 1966, el moderno complejo de Parque Central para 12.000 habitantes y 550 comercios ha sido el proyecto arquitectónico más ambicioso de los últimos años. En sus torres de 56 pisos se encuentran numerosas oficinas gubernamentales.

El Complejo Cultural Teresa Carreño cuenta con modernas salas de conciertos y lleva el nombre de la distinguida pianista venezolana del siglo XIX.

Parque Central, ein 1966 begonnener Komplex mit Wohnungen für 12.000 Menschen, 550 Geschäften und etlichen Büros, war das ehrgeizigste Bauvorhaben in Caracas .

Das neue Kulturzentrum der Stadt, mit mehreren Konzertsälen, wurde nach der bedeutendsten venezolanischen Musikerin Teresa Carreño (1853-1917) benannt.

Construction on the modern Parque Central complex began in 1966 to house some 12,000 inhabitants and 550 commercial establishments. It is considered the most ambitious architectural project of the last few years.

Several modern concert halls form part of the Teresa Carreño Cultural Complex, named in honor of the renowned 19th century Venezuelan pianist.

51

Entrada de la Sala Ríos Reyna en el Complejo Cultural Teresa Carreño.

Eingang zum "Ríos Reyna Saal" im Kulturzentrum Teresa Carreño.

Entrance to the Ríos Reyna Concert Hall of the Teresa Carreño Cultural Complex.

El funcional Metro de Caracas, inaugurado el año 1983, permite un cómodo desplazamiento a lo largo del eje este-oeste de la ciudad.

Die moderne U-Bahn wurde 1983 eingeweiht und ist seither die wichtigste Verkehrsverbindung in der Ost-West Achse der Stadt.

Inaugurated in January, 1983, the Caracas Metro runs along the east-west axis of the city. The picture shows the station Caño Amarillo.

A pesar de los intentos de solución, el tránsito de Caracas sigue siendo uno de los problemas principales de la ciudad. Autopistas y grandes avenidas atraviesan el valle pero el tráfico sigue en auge.

Trotz grosse Bemühungen bleibt der Strassenverkehr eines de Hauptprobleme in Caracas. Autobahnen und breite Strassen durchkreuzen die Stadt und dennoch steckt man ewig im Stau.

Despite numerous attempts to remedy bottlenecks, Caracas traffic continues to be one of the city's main problems. The highways and avenues criss cross the valley but stop and go traffic continues.

Las grandes áreas verdes del Parque Rómulo Betancourt fueron diseñadas por el arquitecto paisajista Burle Marx.

Parque Rómulo Betancourt auch Parque del Este genannt, wurde vom Brasilianer Burle Marx entworfen.

The Rómulo Betancourt Park also called Parque del Este, was designed by the landscape architect Burle Marx.

El Parque Los Caobos es uno de los más antiguos de la ciudad. Une a la Plaza Venezuela con los museos.

Der Parque Los Caobos ist einer der ältesten der Stadt und verbindet die Plaza Venezuela mit den Museen.

The Parque Los Caobos ist one of the oldest in the City and it unites the Plaza Venezuela with the museums.

A poca distancia del centro de la ciudad
se encuentra el Parque Nacional El Avila,
uno de los más bellos de Venezuela.
Desde la casona de Los Venados, una
antigua hacienda de café, se puede
contemplar una hermosa vista de Caracas.

Parque Nacional El Avila ist einer der
schönsten Nationalparks. Von der Casona
bei Los Venados, einer ehemaligen
Kaffeehacienda, hat man einen
herrlichen Blick über die Stadt.

One of Venezuela's most beautiful parks,
the Avila National Park, is but a short
distance from downtown Caracas. A
spectacular view of the city can be seen
from the old Los Venados coffee
plantation house.

En el flanco norte del Avila se encuentra la población de Galipán que suministra, desde hace tiempo, las flores para los mercados de la ciudad.

Die Siedlung Galipán liegt auf der, dem karibischen Meer zugewandten Seite des Avilas. Hier werden die Blumen für die Märkte der Hauptstadt angebaut.

On the northern side of the Avila is the town of Galipán which has long supplied flowers to Caracas markets.

Mostrando en su recorrido una bella panorámica de Caracas, la Avenida Boyacá marca el límite entre la Cordillera de la Costa y la ciudad.

Avenida Boyaca, diese wohl schönste Schnellstrasse der Stadt, bildet die Trennungslinie zwischen dem grünen Avila und dem dichten Häusermeer.

The entire Boyacá Avenue, at the edge of the Coastal Cordillera, offers a panoramic view of the city.

Los grandes **mercados** populares como Guaicaipuro, El Cementerio y Chacao no han perdido nada de su atractivo. Aquí se pueden adquirir todos los artículos necesarios para la vida cotidiana.

Die grossen Wochenmärkte der Stadt, Guaicaipuro, **Cementerio** und Chacao, haben bis heute nichts von ihrer Attraktivität verloren. Hier kann man nahezu alle Gegenstände erwerben.

The large common marketplaces like Guaicaipuro, El Cementerio and Chacao have not lost their charm. Almost anything under the sun can be bought there.

Desde lejos los ranchos aparecen como una composición multicolor.

Aus der Ferne gesehen bieten die Ranchos an den Berghängen ein buntes Bild.

From afar, the shanty towns give off a multi-colored effect.

Mejorar tales condiciones de alojamiento constituye una de las tareas más vitales de la ciudad.

Die Stadtverwaltung hat sich zur Aufgabe gestellt, diese Wohnverhältnisse zu verbessern.

Improving such living conditions is a challenging task for urban planners.

Uno de los lugares de paseo preferido en los alrededores de Caracas es la Colonia Tovar, fundada en 1843 por emigrantes alemanes.

Ein beliebter Ausflugsort in der Umgebung von Caracas ist die Colonia Tovar. Sie wurde 1843 von badischen Auswanderern gegründet.

One of the most preferred excursions outside Caracas is to the Colonia Tovar, founded by German immigrants in 1843.

Debido a su prolongado aislamiento, en la Colonia Tovar se ha conservado la típica arquitectura y las costumbres de la patria de origen.

Da diese Siedlung über ein Jahrhundert weitgehend isoliert war, konnten sich hier Sitten und Architektur der alten Heimat erhalten.

The once-isolated village of Colonia Tovar still preserves the typical German architecture and customs.

Continuando una tradición que viene desde los tiempos de la colonia, todos los años, en el día de Corpus Christi, bailan los "diablos" en San Francisco de Yare, a 70 km. de Caracas.

Venezuela ist ein Land der Feste. Eines der farbenprächtigsten ist der Tanz der Teufel am Fronleichnamstag in San Francisco de Yare, 70 km von Caracas entfernt.

Following a tradition dating from colonial times, masked "devils" dance on Corpus Christi Day in the town of San Francisco de Yare, some seventy kilometers outside Caracas.

Entre los acantilados de la Cordillera de la Costa se forman amplias bahías frecuentadas por los caraqueños en su tiempo libre.

Zwischen den Steilhängen der Küstenkordillere des Litorals findet man immer wieder weite Buchten, die ein beliebtes Ausflugsziel der Caraqueños sind.

Wide-mouthed bays jut in and out the Cordillera escarpments. Caraqueños like to frequent the beaches here.

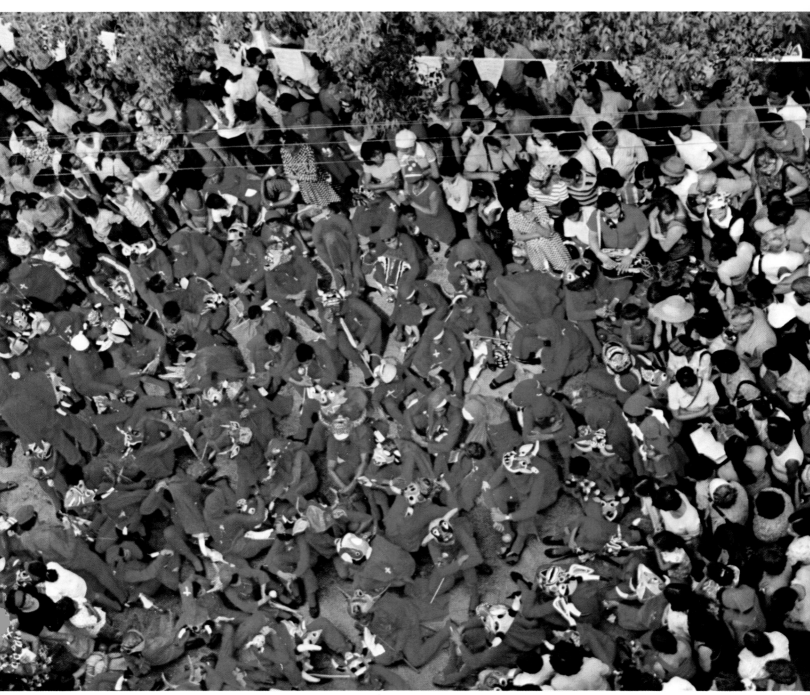

El mar de las Perlas

La musa ingenua con amor ensalma
tu sol, tu sal, tu azul de mar y
[cielo.

Y el ala del crepúsculo en su vuelo
esplendoroso. Y nocturna calma.

El bronce de tus hijos. Y la palma
procera de las hijas de tu suelo
heroico y dulce. Lírico revuelo
dionisíaco. Aun fiereza y alma.

Por tu limpia virtud de agua
[salobre,
el metal de la estrofa, simple cobre,
refleja el oro de tu poesía.

Pedro Rivero (1893-1959)
Prólogo a "El Mar de las Perlas"
Cuadernos Literarios Nr. 39

Das Meer der Perlen

Die Naive Dichtkunst beschreibt
[mit Liebe
deine Sonne, dein Salz, deinen
[blauen Himmel, dein Meer
Den Flügel der Dämmerung im
[prächtigen Flug
und die nächtliche Ruhe.

Die braune Haut deiner Kinder.
[Die stolzen Palmen,
der lieblichen Töchter deiner
[heldenhaften
Erde. Eine lyrische Enthüllung!
Mit Wildheit und Seele.

Durch die Klarheit des salzigen
Wassers
Das Metall deiner Verse, obwohl
[nur bescheiden wie Kupfer,
widerspiegelt den goldenen Glanz
[deiner Poesie.

Pedro Rivero (1893-1959)
Vorwort zu *El Mar de las Perlas*

The Ocean of the Pearls

The naive Muse with candid love
[bewitches
Your sun, your salt, your blue of
[sky and sea,
The wing of sunset in its splendid
[flight
And the nocturnal peace.

Your children's tanned skin.
[The lofty palm
Of the young martyr daughters of
[your sweet
Heroic soil. A lyrical commotion.
Even fierceness and soul.

Through your clean virtue of the
[brackish water
The metal of the verse, though
[humble copper,
Reflects the gleaming gold of
[your poetry.

Pedro Rivero (1893-1959)
Prologue to *El Mar de las Perlas*.

Los Roques

Una Cachama Negra. *Pomacanthus paru*, en medio de un jardín de Gorgonias. Esta especie se encuentra amenazada de extinción ya que resulta un blanco fácil para los pescadores submarinos.

Der Cachama negra, *Pomacanthus paru*, zwischen Gorgonien. Leider ist dieser Fisch in seiner Art gefährdet, da er den Harpunen-Tauchern ein leichtes Ziel bietet.

A French Angelfish *Pomacanthus paru* in a garden of Gorgonia coral. This species is threatened with extinction since it is an easy prey for underwater fishermen.

Pequeños peces de la familia Labridae limpian de parásitos a un Navajón Azul, *Acanthurus coeruleus*. Abajo a la derecha, corales Montastrea.

Kleine Fische der Familie Labridae säubern den blauen Navajón, *Acanthurus coeruleus*, von Parasiten. Unten rechts Montastrea-Korallen.

Small fish of the Labridae family clean parasites off the Blue Tang *Acanthurus coeruleus*. Lower right: Montastrea coral.

La Laguna de Tacarigua, de 30 km. de largo por 6 km. de ancho, fue declarada Parque Nacional en 1974. En sus 18.400 has., numerosas especies de aves encuentran refugio.

1974 wurde die 30 km lange und 6 km breite "Laguna de Tacarigua" unter Naturschutz gestellt. In dem 18.400 ha grossen Gebiet haben viele Vögel ihre Nistplätze.

The Laguna de Tacarigua, 30 by 6 km. was declared a national park in 1974. Many bird species find refuge on its 18,400 hectares.

En los pueblos del Oriente de Venezuela se encuentran, manteniendo su folklore tradicional, exponentes muy puros del aporte africano.

In den Dörfen Barloventos trifft man auf die farbige Bevölkerung des karibischen Raumes. Die alten Bräuche und die afro-karibische Musik haben sich hier erhalten.

In eastern Venezuela, villages uphold their folkloric traditions, many of which are of pure African origen.

Aquí la existencia transcurre todavía dentro de formas sencillas, alejadas de la complejidad de la vida moderna.

Hier spielt sich das Leben noch ohne Supermarkt und Tiefkühltruhe ab.

Here life is much simpler and isolated from the complexities of modern times.

La cueva del Guácharo, cerca de Caripe, es la más grande de Venezuela. Recibe su nombre del ave Guácharo, *Steatornis caripensis*, que vive en su interior. Durante los últimos siglos, el Guácharo ha sido objeto de intensa explotación comercial por su alto contenido en grasa.

Die grösste Tropfsteinhöhle Venezuelas ist die Guácharo-Höhle in der Nähe von Caripe. Sie ist nach dem gleichnamigen Vogel, *Steatornis caripensis*, benannt. Der Guácharo ist ein reiner Nachtvogel, der früher vor allem bei der Fettgewinnung eine Rolle spielte.

The Guácharo Cave, near Caripe, is the largest in Venezuela. It is named for the oilbird *Steatornis Caripensis* that inhabits the cave. Over the last few centuries the bird has been widely hunted for its fatty meat.

La Playa El Tirano, con sus multicolores barcas de pesca, presenta una imagen típica de la isla de Margarita. Al fondo, el cerro Mata Siete.

Carúpano es un importante centro económico de la región oriental. El 70% de la producción venezolana de cacao se exporta hacia los mercados del mundo por este puerto.

Playa "El Tirano" mit seinen bunten Fischerbooten bietet für die Insel Margarita ein typisches Bild. Im Hintergrund der "Cerro Mata Siete".

Carúpano ist ein wichtiges Wirtschaftszentrum im Osten, von wo aus 70% der Kakaoproduktion Venezuelas in alle Welt verschickt wird.

Multi-colored fishing boats set against the El Tirano beach is a typical scene on the island of Margarita. The Mata Siete Hill is seen in the background.

Carúpano is the eastern region's most important commercial center, through which 70 percent of the nation's cacao is shipped abroad.

Las playas del Estado Sucre
son las más bellas del país.

Die Strände im Osten gehören
zu den schönsten des Landes.

The Beaches in the east are the
most beautiful of the country.

Playa Medina, una bahía tranquila con un servicio agradable al turista.

Playa Medina, eine ruhige Bucht, in der Besucher alles vorfindet, was er zum Wohlfühlen braucht.

Playa Medina, a peaceful bay where the turist will find a friendly service.

Discurso de Angostura

"Ya la veo servir de lazo,
de centro, de emporio,
a la familia humana.

Ya la veo enviando a todos
los recintos de la tierra
los tesoros que abrigan sus
montañas de plata y oro.

Ya la veo distribuyendo
por sus divinas plantas la
salud y la vida a los hombres
dolientes del antiguo mundo".

Simón Bolívar en su célebre
Discurso de Angostura —15
de Febrero de 1819— con referencia
a las riquezas naturales
de Venezuela. (Angostura hoy
Ciudad Bolívar)

Ansprache von Angostura

"Ich sehe sie schon
als Band, als Zentrum,
als grosse Handelsstadt
der Menschheit.

Ich sehe sie schon, in alle
Winkel der Welt ihre
Schätze aus Gold und
Silber senden.

Ich sehe sie schon,
wie sie mit ihren Heilpflanzen,
Gesundheit und Leben den
Kranken des alten Kontinents
spenden wird".

Simón Bolívar in seiner berühmten
Angostura Ansprache—15 Februar 1819
in Bezug auf die reichen Naturschätze
Venezuelas. (-Angostura- heute
Ciudad Bolívar)

Angostura Address

"I can envisage her
as the link, the center,
the emporium, to the
human family.

I can envisage her sending
over to all the ambits of
the earth the treasures
hidden inside her gold and
silver mountains.

I can envisage her
distributing, through her
marvellous plants, health
and new life to the sick
men of the old world".

Bolívar in his famous Angostura
Address —February 15, 1819—
referring to the natural wealth
of Venezuela. (-Angostura-
today Ciudad Bolívar)

Fundada en 1780, San Juan de los Morros es la entrada de los llanos y está dominada por la presencia de sus famosos Morros.

Hacia el sur de Venezuela se encuentran los llanos, una prolongada llanura que se extiende a lo largo de 300.000 km² desde el Delta del Orinoco hasta las estribaciones de los Andes. Su variada fauna y, en particular, la diversidad de sus especies de aves, caracterizan esta región.

San Juan de los Morros ist das Tor zu den Llanos. Die um 1780 gegründete Stadt wird von den beiden Morros überragt.

Auf dem Weg in den Süden Venezuelas kommt man durch die Llanos, eine ausgedehnte Steppe von 300.000 qkm, die sich vom Orinoco-Delta bis zu den Anden hinzieht. Die vielfältige Fauna, besonders die artenreiche Vogelwelt, ist ein besonderes Kennzeichen dieser Landschaft.

Founded in 1780, San Juan de los Morros is the gateway to the plains. The famous sugar-loaf mountains overlook the town.

The plains or Llanos are found to the south. They cover a surface area of 300,000 square kilometers, running from the Orinoco Delta to the Andean spurs. This region is known for its splendor of animal and bird life.

En las lagunas encuentran su habitat
ideal grandes grupos de pato güirirí al
lado de los corocoros, garzas paletas y
los cada vez más escasos patos reales.

An den Lagunen leben enorme Schwärme
von Guiriri (Wildenten) neben den roten
Ibisen, Löfflern, Reihern und die immer
seltener werdende Warzenente, die hier
ideale Lebensbedingungen vorfinden.

Flocks of Black-Bellied Tree Ducks share
their natural habitat in lagoons with the
Scarlet Ibis, Roseate Spoonbill and the
increasingly-scarce Muscovy Duck.

Tomando el sol perezosamente, las babas, *Caiman crocodilus*, están siempre presentes en las márgenes de los caños y lagunas llaneras. A pesar de su aspecto agresivo son totalmente inofensivos para el hombre y se alimentan principalmente de peces.

Die in der Sonne dösenden trägen "Babas" *Caiman crocodilus*, sind an fast allen Ufern der Lagunen in den Llanos zu finden. Trotz seines furchterregenden Aussehens ist er dem Menschen gegenüber völlig inoffensiv und ernährt sich hauptsächlich von Fischen.

Basking lazily in the sun, the common cayman *Caiman crocodilus* is always found at the edge of lagoons and channels. Despite its aggressive outward appearance, it is harmless to man, preferring instead a diet of fish.

En grandes familias viven los simpáticos chigüires, *Hydrochoerus hydrochoeris.* Este roedor, el más grande del mundo, puede llegar a pesar más de 50 kg y en algunas haciendas es objeto de explotación comercial

In grossen Familien leben die putzigen Chiguire, *Hydrochoerus hudrochoeris,* die grössten Nagetiere der Welt. Sie erreichen ein Gewicht bis über 50 kg und werden in manchen Haciendas als Schlachtvieh **gezüchtet.**

The delightful capubara *Hydrochoerus hydrochoeris* live in groups. As the world's largest rodent, it can weigh up to fifty kilos and is commercially exploited on some ranches.

La vida de los llaneros está marcada por el duro trabajo de la ganadería, base económica del escasamente poblado territorio donde el caballo es un compañero inseparable. Centro de todas las celebraciones llaneras, son los toros coleados, donde los jinetes derriban al toro tomándolo por la cola.

Das Leben der Llaneros ist von harter Arbeit geprägt, bei der das Pferd der unersetzliche Begleiter ist. Mittelpunkt aller Fiestas ist eine Art unblutiger Stierkampf (Toro coleado) bei dem es darauf ankommt, den Stier zu Fall zu bringen.

Life is difficult on the scarcely populated Llanos where livestock raising is the chief economic activity. Man's inseparable companion is his horse. At the height of celebrations in the Llanos, horsemen compete at chasing a bull and throwing him by the tail.

Mientras que en el verano la tierra calcinada sufre la sequía, durante el invierno, de mayo a noviembre, grandes zonas del llano quedan inundadas.

Während in der Trockenzeit das Land oft unter Wassermangel leidet, sind in der Regenzeit, von Mai bis, November, weite Teile der Llanos überschwemmt.

During the summer months or dry season the land is parched and ashy; during the winter, from May to November, these same lands are flooded.

Con sus 2.900 kms. de recorrido desde la Sierra de Parima hasta el Delta, el majestuoso río Orinoco, recorre una gran parte del territorio nacional. En la parte más estrecha del Gran Río frente a Ciudad Bolívar, se encuentra el puente de Angostura (1.678 mts.) que comunica los Llanos con el territorio de Guayana.

Von seiner Quelle bis zum Delta legt der gewaltige Orinoco einen Weg von 2.900 km zurück. An seiner engsten Stelle, bei Ciudad Bolívar verbindet eine Brücke von 1.678 m die Llanos mit Guayana.

The majestic Orinoco River runs across a large part of the nation as it flows some 2,900 kilometers from the Sierra Parima to the Delta Amacuro. At its narrowest point facing Ciudad Bolívar. the Angostura bridge (1,678 meters) links the Llanos to the Guayana territory.

La represa Raúl Leoni, la cuarta en tamaño del mundo, transforma la energía del Caroní en fuerza eléctrica para impulsar el desarrollo del país.

Das Guri-Stauwerk Raúl Leoni, das viertgrösste seiner Art auf der Welt, staut die Wassermassen des Caroní.

The Raúl Leoni dam, the fourth largest in the world, harnesses the nation's electrical energy from the Caroní River.

No lejos del Orinoco se encuentra el Cerro Bolívar, cuyas reservas de mineral de hierro se estiman en 400 millones de toneladas El hierro sigue al petróleo en importancia como recurso natural del país

Man schätzt die Eisenvorkommen des Cerro Bolívar auf 400 Millionen Tonnen, die im Tagebau gefördert werden. Eisenerz ist Venezuelas zweit wichtigster Rohstoff.

Not far from the Orinoco is the Cerro Bolívar, whose iron ore reserves are estimated at 400 million tons. Iron is the nation's second most important natural resource after oil.

La imponente meseta truncada del Auyan Tepui con sus 700 kms² de superficie, domina el panorama de la Gran Sabana. En su cara norte se encuentra el Salto Angel que, con 979 mts. de caída, es el más alto del mundo.

Der gewaltige Tafelberg Auyan-Tepui mit seiner Fläche von 700 qkm dominiert das Panorama der Gran Sabana. An seiner Nordflanke befindet sich der Salto Angel, der mit einem freien Fall von fast einem Kilometer der höchste Wasserfall der Welt ist.

The imposing 700 square kilometer Auyán-Tepui mesa rises above the Gran Sabana. From its northern face is the world's longest waterfall, Angel Falls (979 meters).

El peculiar paisaje de la Gran Sabana con sus tepuis y cascadas ha inspirado numerosas creaciones literarias desde "Canaima" de Rómulo Gallegos hasta "El Mundo Perdido" de Arthur C. Doyle. A la izquierda vemos el río Churun con el Auyan-Tepui en el fondo y en esta página el Salto Aponguao.

Diese beeindruckende Landschaft mit ihren Wasserfällen und Tafelbergen inspirierte die verschiedensten Literaten. Von "Canaima" von Rómulo Gallegos bis zu "Die verlorene Welt" von Conan Doyle. Links der Río Churum mit dem Auyan-Tepui im Hintergrund, rechts der Salto Aponguao.

The spectacular Gran Sabana scenery, dotted with mesetas and waterfalls, has inspired such literary creations as Rómulo Gallegos' "Canaima" and Arthur C. Doyle's "The Lost World". The picture at our left shows the Churum river with the Auyan-Tepui in the background.

Atardecer sobre el Upuigma-tepui
cerca de Wonken al sur de la
Gran Sabana.

Sonnenuntergang über dem Upuigma-
tepui in der Nähe von Wonken im
Süden der Gran Sabana.

Sunset over the Upuigma-tepui
near Wonken south of the
Gran Sabana.

Amanecer en la Gran Sabana.
El Cerro Venado reflejado
en el Río Carrao.

Sonnenaufgang in der Gran Sabana.
Der "Cerro Venado" spieglet sich
im "Rio Carrao".

Sunrise in the Gran Sabana.
The "Cerro Venado" reflected
in the Carrao River.

Una de las atracciones de Canaima
es pasar por detrás de los
imponentes saltos.

Eine der Sehenswürdigkeiten
Canaima ist der Besuch hinter
den Wasserfällen.

One of the turists atractions
in Canaima consists in passing
behind the huge waterfalls.

A pocas horas de vuelo de Caracas se encuentra el Parque Nacional Canaima que con el escenario panorámico de sus numerosas cascadas y lagunas sobre el fondo de los majestuosos tepuis, es una de las zonas turísticas más atractivas del país

Wenige Flugstunden von Caracas befindet sich der Parque Nacional de Canaima mit seinen Wasserfällen, Lagunen und beeindruckenden Tepuis. Er zählt zu den touristischen Besonderheiten Venezuelas.

A few hours flight from Caracas is Canaima National Park, one of the country's main tourist attractions. Waterfalls and lagoons are set against a background of majestic tablelands.

Situado en el punto que une las
fronteras de Venezuela, Guyana y Brasil,
el cerro Roraima se levanta sobre la
Gran Sabana, antiguo territorio de los
indios Pemones.

An der Grenze Venezuelas, Guyanas und
Brasiliens, liegt der Cerro Roraima.
Einer der wenigen erforschten Tafelberge
der Gran Sabana, der traditionellen
Heimat der Pemones-Indianer.

The Roraima mountain, situated on the
border of Venezuela, Guyana
and Brazil, rises up over the Gran Sabana,
the ancient territory of the Pemón
Indians.

La interesante flora y fauna endémica
de los tepuis los han convertido en un
punto de atracción para investigadores
científicos de todo el mundo.
Amanecer en el Chimantá Tepui.

Die Besonderheiten der endemischen
Flora und Fauna der Tafelberge wurden
zu einem Anziehungspunkt für
Wissenschaftler aus aller Welt.
Sonnenaufgang auf dem Chimantá.

The endemic tepui flora and fauna
attract scientists the world over.
Sunrise on the Chimantá Tepui.

Los 177.000 kms² del Territorio Federal
Amazonas se encuentran cubiertos de
tupidas selvas. Lo impenetrable de esta
región ha permitido la supervivencia de
los indios Yanomami.

Die 177.000 qkm des "Territorio
Amazonas" sind fast vollständig von
undurchdringlichem Urwald bedeckt.
Die Unzugänglichkeit dieser weiten
Regenwälder garantiert bis heute den
Schutz des Lebensraumes der Yanomami-
Indianer.

The 177,000 square kilometers of the
Federal Territory of Amazonas is covered
with dense impenetrable jungles, which
have allowed the Yanomami Indians
to survive.

Las frecuentes ceremonias rituales
refuerzan y mantienen la identidad y
cohesión de la tribu. El escaso contacto
con la civilización, ha permitido a los
Yanomami mantener su forma de vida
desde tiempos inmemoriales.

Die rituellen Zeremonien der Yanomami
sind Ausdruck der ungebrochenen
Tradition und Identität der 15.000
Indianer dieser Region. Abgeschiedenheit
und geringer Kontakt mit der
Zivilisation waren bis heute Garant für
die Aufrechterhaltung ihres eigenen
Weltbildes.

Frequent ritualistic ceremonies reinforce
and conserve the tribal identity and unity.
Infrequent contact with civilization has
allowed the Yanomami to maintain their
lifestyle since time immemorial.

Próxima página la *Cattleya violacea,*
también llamada Cattleya del Orinoco, es
una bella muestra de la inmensa variedad
de orquídea de las selvas al sur de
Venezuela.

Seiten 126 und 127 Die *Cattleya violacea,*
auch unter dem Namen Orinoco-Cattleya
bekannt, ist ein Beispiel für die Vielfalt
von Orchideen, die ein besonderes Merkmal
der Urwälder im Süden Venezuelas sind.

Pages 126 and 127 the *Cattleya violacea,*
also known as the Cattleya of the Orinoco,
is a beautiful example of the large variety
of orchids found in the jungles of
southern Venezuela.

El Sentido de la Tierra

Tierra adentro… Tierra
buena en lluvias y veranos:
vaho de montaña, olor a
verde frío de páramo,
aire sutil y tierno;
campo labrantío, caminos
vecinales y ranchos orilleros;
eras, trapiches y molinos;
aldeas, ermitas y campanas;
candelas, consejas, cuatros
y maracas;
campesino, hombre libre y
fuerte; hombre apegado a
su heredad por la tradición
de los surcos, desde sus
abuelos y para sus hijos:
Elementos formativos de la
patria y sentido de la tierra!

"El Sentido de la Tierra",
en *Huellas sobre las cumbres*
de Claudio Vivas. Caracas, 1945.

Der Sinn der Erde

Landeinwärts…
gesundes Land in der
Regenzeit wie im Sommer:
Dunst der Berge, kalter,
grüner Duft der Paramos,
feiner und zarter Wind;
bebaute Felder,
nachbarliche Wege,
angrenzende Hütten,
Tennen und Mühlen;
Dörfer, Kapellen und
Glocken; Kerzenlicht,
Fabeln, cuatro und maracas;
Der Bauer, frei und
kräftig; ein Mensch
verbunden mit seinem
Erbgut, durch die Tradition
der Furche, die seiner
Ahnen und für seine Söhne:
Aufbauende Elemente der
Heimat und der Sinn
der Erde!

Claudio Vivas. "El Sentido de la Tierra",
in *Huellas sobre las cumbres*.
Caracas, 1945.

The meaning of the Land

The hinterland…
Good earth in the dry and
in the wet season; vapor of
the mountain, the smell
of the green chill of the
paramo, a subtle and
tender air;
tillable land, mountain
paths and schacks at
their edges; vegetable patches,
sugar mills, windmills;
hamlets, hermitages and
bells; will-o'-the wisps,
old women's tales, cuatros
and maracas;
the peasant, free and
strong; a man attached to
his inherited piece of land,
through the tradition of its
furrows, from his grand-
parents and for his children:
the formative elements
of the fatherland and the
meaning of the land!

Claudio Vivas. "El Sentido de la Tierra",
in *Huellas sobre las cumbres.*
Caracas, 1945.

Jají, Mérida.

En austeras condiciones de vida, tenaces e industriosos, los andinos producen trigo y papas en sus pequeñas propiedades con técnicas tradicionales de cultivo.

Unter harten Lebensbedingungen bestellt der arbeitsame Andenbauer auf traditionelle Weise seine kleinen Felder mit Kartoffeln und Weizen.

Despite severe living standards, the tenacious and industrious Andeans cultivate wheat and potatoes on small plots using traditional farming techniques.

En el valle del Río de Nuestra Señora y a 2.711 m. de altura, se encuentra el hospitalario pueblo de Los Nevados.

Das gastfreundliche Dorf Los Nevados befindet sich im Tal des Río de Nuestra Señora, in einer Höhe von 2.711 m.

In the valley of Río de Nuestra Señora, at 2,711 meters, is the hospitable village of Los Nevados.

Desde la penúltima estación del teleférico, en Loma Redonda, se puede llegar al pintoresco pueblo de Los Nevados en una cabalgata a lomo de mula de varias horas.

Von der vorletzten Seilbahnstation Loma Redonda erreicht man mit Maultieren in wenigen Stunden Los Nevados, eines der schönsten Dörfer der Region.

At Loma Redonda, the second-to-last station, one can take a muletrain to the picturesque village of Los Nevados, just a few hours away.

Desde la ciudad de Mérida, el más alto y largo teleférico del mundo, con sus cinco estaciones, llega en una hora a la cumbre del Pico Espejo, a 4.765 m. de altura, presentando en su recorrido, una vista espectacular de la Sierra Nevada.

Die höchste und längste Seilbahn der Welt führt von Mérida zum Pico Espejo, 4.765 m. ü. M., von dem man einen herrlichen Blick auf die schneebedeckten Gipfel der Sierra Nevada de Mérida hat.

Mérida has the world's highest and longest cable car. In an hour, after stops at five stations, the car will reach Pico Espejo, at 4,765 meters. The ride up offers a spectacular view of the Sierra Nevada.

Las altas cumbres de los Andes venezolanos, perpetuamente cubiertas de nieve, dominan el paisaje de la Sierra Nevada de Mérida.

Die hohen venezolanischen Anden mit ihren ewig schneebedeckten Gipfeln dominieren die Landschaft der Sierra Nevada von Mérida.

The high, perpetually snow-capped summits of the Venezuelan Andes loom over the Sierra Nevada of Mérida.

En las zonas más bajas, de 4.600 a 2.800 m. el siempre presente "frailejón", con sus 45 especies diferentes, es la planta típica de los páramos

In den etwas niedrigeren Lagen von 4.600 m bis 2.800 m findet man den Frailejón (Espeletia). Diese Pflanze mit etwa 45 Arten ist typisch für die Paramos.

In the lowest areas, from 4,600 to 2,800 meters, one finds the ever-present "frailejón" (espeletia). This plant, of which there are over 45 species, is typically found in the "páramos".

Laguna en el glaciar Timoncito
a unos 4.400 metros de altura.

Der Timoncito Gletscher mit
kleinem See auf 4.400 Metern Höhe.

The Timoncito Glacier with a
little pond at 4.400 meters.

Vista desde el Pico Bolívar (5.007 m.) el más alto de los Andes venezolanos hacia el Bonpland (4.882 m.) y el Humboldt (4.924 m.).

Blick vom Pico Bolívar, 5.007 m. ü. M., dem höchsten Berg der venezolanischen Anden, auf den Pico Bompland, 4.882 m. ü. M. und den Pico Humboldt 4.924 m. ü. M.

View from Bolívar Peak (5,007 meters). the highest in the Venezuelan Andes, looking towards Bompland (4,882 meters) and Humboldt (4,924 meters).

En el flanco norte de la Sierra Nevada, marcado por la escasez de lluvia, antiguas glaciaciones han formado casi cuatrocientas lagunas, entre las cuales las más conocidas son Mucubají y la Laguna Negra.

Auf der kargen und regenarmen Nordseite der Kordilliere haben Gletscher fast vierhundert Moränenseen gebildet, von denen die bekanntesten die Laguna Negra und die Laguna Mucubají sind.

On the northern side of the Sierra Nevada, marked by scarce rainfall, ancient glaciations have formed some four hundred lagoons, the most known being the Mucubají and Laguna Negra.

La Plaza Baralt, hasta hace poco el centro tradicional de la ciudad de Maracaibo, muestra en la filigrana de sus balcones las huellas de antiguas influencias. Al fondo, el antiguo Mercado.

Die Plaza Baralt, das alte Zentrum der Stadt Maracaibo, vermittelt mit ihrer Architektur den Lebensstil vergangener Zeiten.

In the Plaza Baralt, once the traditional center of Maracaibo, the filigreed balconies show the colonial influence. In the background is the old Market.

Además de ser una importante y moderna ciudad, Maracaibo conserva también la arquitectura tradicional con sus fachadas multicolores.

Inmitten der modernen Wirtschaftsmetropole Maracaibos wurden mit viel Sorgfalt die alten, farbenfrohen Strassenzüge erhalten.

An important and modern city, Maracaibo still preserves the multi-colored facades of the traditional architecture.

En la Basílica de la Chiquinquirá, se venera la imagen de la virgen patrona de Maracaibo, cariñosamente llamada "La Chinita".

In der Basilika wird die Schutzheilige von Maracaibo, die "Jungfrau von Chiquinquirá" verehrt, liebevoll nennen sie die Gläubigen Chinita.

The Chiquinquirá Basilica, where "Chinita", the virgen patron saint of Maracaibo is adored.

Con el fin de embellecer la piel, esta mujer Guajira se ha pintado el rostro con una pasta extraída de hongos mientras comercia en el mercado de Maracaibo.

Während die Guajira Frau auf dem Markt ihre Ware verkauft, pflegt sie ihre Gesichtshaut mit einem Pilzextrakt.

As skin lotion, this Guajira woman has treated her face with a mushroom-base paste while she markets in Maracaibo.

Los vistosos estampados y las sandalias con pompones de las guajiras, caracterizan toda esta zona.

Die Guajira Frauen in ihren traditionellen farbenfrohen Mantas, tragen faustgrosse Pompons an ihren Sandalen.

The colorful printed dress and pompomed sandals are characteristic of the Guajira dress.

Debajo de los 13.000 km.² del Lago de Maracaibo, se encuentran los yacimientos petrolíferos más explotados del país. En el año 1922, la compañía Royal-Dutch-Shell halló petróleo en Los Barrosos y se instalaron numerosas torres de perforación en el Lago que caracterizan hasta hoy su paisaje.

Unter dem 13.000 qkm grossen Maracaibo-See befinden sich die reichsten Erdölvorkommen Venezuelas. 1922 begann hier die Royal-Dutch-Shell-Gesellschaft mit den ersten Bohrungen. Bis heute prägen die zahlreichen Bohrtürme das Bild dieser Landschaft.

Underneath the 13,000 square kilometers of Lake Maracaibo lie the country's most exploited oil beds. In 1922, Royal Dutch Shell discovered oil in Los Barrosos and erected several drilling towers in the lake. They have now become a part of the landscape.

En el año 1499, los palafitos del Lago de Maracaibo, recordaron al descubridor Alonso de Ojeda la ciudad de Venecia, por lo que bautizó esta región como "Venezuela".
Actualmente, unas 6.000 personas viven en la Laguna de Sinamaica sobre palafitos construidos mayormente con "estera", fibra trenzada de una planta que crece en la zona.

Próxima página
En la lejanía, el puente de 8.678 m. une a Santa Rita con Maracaibo.

Als im Jahre 1499 Alonso de Ojeda die Pfahlbauten der Indianer an den Ufern des Maracaibo-Sees sah, wurde er an Venedig erinnert und nannte das Land Klein-Venedig. Später entstand daraus Venezuela.
Noch heute leben in der Lagune von Sinamaica an die 6.000 Menschen in ihren Pfahlbauten.

Auf der nächsten Doppelseite sehen wir im Hintergrund die 8.678 m large Betonbrücke von Maracaibo nach Santa Rita.

In 1499, discoverer Alonso de Ojeda saw houses perched on piles on Lake Maracaibo, reminding him of Venice. Thus the region was baptized "Little Venice" or Venezuela.
Some 6,000 people live on Sinamaica Lagoon in palafittes mostly made of a papyrus-like reed that grows nearby.

Next page
In the distance, the 8,678 meter long bridge connects Santa Rita with Maracaibo.

147

A pesar de lo árido de sus tierras y de la escasez de agua, el Estado Lara tiene una desarrollada producción agrícola

Trotz der kargen und unwirtlichen Landschaft, die die Nordwestküste Venezuelas prägt, hat der Staat Lara eine gut entwickelte landwirtschaftliche Produktion.

Despite the arid land and scarce precipitation, the state of Lara is known for its agricultural production.

Los móviles médanos al norte de Coro y en Paraguaná, invaden a veces la carretera.

Die Wanderdünen in der Umgebung von Coro und Paraguaná sind typisch für die wüstenartige Landschaft dieser Küste.

The ever-drifting sand dunes in Paraguaná to the north of Coro often spill over onto the highway.

Los típicos portones y rejas en las calles empedradas de la zona colonial, recuerdan el rico legado histórico de la ciudad de Coro.

Am reinsten hat sich die koloniale Architektur in Coro erhalten. Verzierte Portale, Fenster und Kopfsteinpflaster prägen den Charakter dieser Stadt.

The typical portals and iron grating along the cobblestone streets in the colonial section of Coro, recall a rich historical heritage.

A 52 km. de Maracay, atravesando las selvas nubladas del Parque Nacional Henri Pittier, se llega a la hermosa bahía de Cata.

Von Maracay aus führt eine 52 km lange Strasse über die Küstenkordilliere durch den Nationalpark "Henry Pittier" in die Bucht von Cata.

Cata Bay, 52 kilometers from Maracay, can be reached by driving through the dense forests of Henry Pittier National Park.

El río Choroní atraviesa un bello y frondoso valle del mismo nombre, ofreciendo en su recorrido los más variados paisajes y tipos de vegetación.

Durch das Tal von Choroní fliesst der gleichnamige Fluss umrahmt von einer Vielfalt von Vegetationsarten. Auf dem Bild fliesst er durch ein Bambuswald.

The Choroní river flows through one of the most beautiful landscapes. On its journey one can observe a rich and diverse vegetation.

En la desembocadura del río Choroní se encuentra el pueblo pescador Puerto Colombia. No lejos de allí está situada Playa Grande.

An der Mündung vom Choroní befindet sich das malerische Fischerdorf Puerto Colombia. Nich weit entfernt liegt der Strand von Playa Grande.

At the picturesque port of Puerto Colombia the Choroní river forms a small harbor. Not far away one can find the beach Playa Grande.

Cercano a la desarrollada zona industrial de Valencia y Maracay se encuentra el Lago de Valencia del cual se cuenta que tenía 22 islas, 22 afluentes y 22 leguas de perímetro.

Vom "Lago Valencia", an dessen Ufern heute die Industriegebiete von Maracay und Valencia liegen, erzählte man sich, dass dieser See 22 Inseln, 22 Zuflüsse und einen Umfang von 22 spanischen Meilen hatte.

Near the industrial zone of Valencia and Maracay is Lake Valencia, which is said to have had twenty-two islands, twenty-two rivers and a twenty-two league perimeter.

Adiós querido amigo, espero que vuelvas con más tiempo la próxima vez.
Auf Wiedersehen, ich hoffe, dass Sie das nächstemal mehr Zeit mitbringen.
Good bye dear friend, I hope you will come back with more time.